Beat Bongni
Dein Kompass

Für Inhalte von Links in dieser Publikation übernehmen wir keine Haftung, da wir uns diese nicht zu eigen machen, sondern lediglich auf deren Stand zum Zeitpunkt der Erstveröffentlichung verweisen.

Alle im Buch vorkommenden lebenden Personen haben zugestimmt, namentlich erwähnt zu werden oder erscheinen unter einem Pseudonym.

Ein besonderer Dank geht an das Inselspital Bern und die Swisscom AG.

Beat Bongni
Dein Kompass
Leben nach dem Gesetz der Anziehung

1. Auflage 2024
ISBN 978-3-907147-34-4

Umschlaggestaltung: im Verlag
Lektorat, Co-Autor: Werner Affentranger
Korrektorat: Marlis Boeschenstein
Druck und Vertrieb: BoD – Books on Demand, Norderstedt

Beat Bongni

Dein Kompass

Leben nach dem Gesetz der Anziehung

Verlag Publishing Partners

Inhalt

Vorwort

Als Beat Bongni mich eines Abends anrief und fragte, ob ich interessiert wäre, sein Buch zu veröffentlichen, und er dazu ein paar Angaben zum Inhalt machte, habe ich ihm geantwortet, dass er mir gerne ein paar Seiten seines Manuskripts schicken könne. Das ist meine übliche Antwort auf solche Anfragen, und ich lese immer die mir zugeschickten Leseproben, bevor ich mich für eine Zu- oder Absage entscheide.

Beat schickte mir einen Link zu seinem Manuskript, das einen Umfang von mehr als zweihundert A4-Seiten hatte. Abschnitte, die er zum Teil erst kürzlich und zu einem großen Teil vor Jahren geschrieben hatte, dazu an manchen Stellen Anmerkungen und Links zu Büchern von anderen Autoren oder Themen, die ihn interessierten.

Beim Querlesen erkannte ich, dass Beat viel in der Welt herumgereist ist und dass im Text viele Namen von Personen vorkommen, die man in der Schweiz kennt: Persönlichkeiten aus Politik, Wirtschaft und Sport, zum Beispiel eine ehemalige Bundesrätin, ein Bundesrat, bekannte Unternehmer, aber auch Personen, die man oft im Schweizer Fernsehen sieht oder gesehen hat. Erstaunlich fand ich, dass Beat mit all diesen Menschen persönlich zu tun hatte und mit manchen von ihnen heute noch – Beat ging vor ein paar Jahren in den vorzeitigen Ruhestand – freundschaftlichen Kontakt pflegt.

Das erste Kapitel seines Manuskripts begann mit einem Nahtoderlebnis, mit Beats Herzstillstand am 21. Juni 2019, den er mit unglaublich viel Glück und dank raschem Eingreifen eines Bekannten – der früher einen Nothelferkurs besucht hatte und jetzt zufällig zur richtigen Zeit am richtigen Ort war – und professioneller Hilfe von Sanitätern überlebt hatte. Es folgte ein zweimonatiger Aufenthalt im Berner Inselspital, wovon er die ersten drei Wochen im Wachkoma lag.

Der größte Teil der Manuskriptseiten waren Rückblenden auf wichtige Ereignisse in Beats Leben, Notizen und Reiseberichte, alles nichtchronologisch zusammengestellt. Zweifellos handelte es sich hier um einen interessanten und außergewöhnlichen Lebenslauf, dachte ich, doch als mir

Beat bei der ersten Besprechung einen Stapel Bücher von Bestsellerautoren übergab, die sich mit teils spirituellen und teils wissenschaftlichen Themen befassen, begriff ich, dass es ihm mit dem Buch nicht primär um seine Biografie geht. Beat hat in seinem Leben bei wichtigen Entscheidungen intuitiv seinem inneren Kompass vertraut, und um genau diesen Kompass geht es in seiner Geschichte hauptsächlich.

Als Kind einer Arbeiterfamilie hatte er Träume und Visionen von materiellem Wohlstand und Abenteuerreisen, und nach dem Lehrabschluss als Metallbauschlosser und -techniker begann er, seine Träume zu verwirklichen, angefangen mit einem Visum für Auswanderer nach Australien, wo er als Gold- und Opalsucher sein Glück suchte. Er kehrte in die Schweiz zurück, machte eine Weiterbildung im kaufmännischen Bereich, gründete mit seiner Jugendfreundin Lisa eine Familie und verfolgte seine berufliche Karriere, die ihn später als Direktor für Marketing und Verkauf in die Chefetage des größten Schweizer Telecom-Unternehmens führte.

Es würde Beat als Mensch nicht gerecht, nur die Highlights seiner erfolgreichen beruflichen Laufbahn hervorzuheben. Beat war und ist ein Suchender, der sich schon als Jugendlicher die großen Sinnfragen stellte: Woher komme ich, wo bin ich hier, wo will ich hin? Er suchte Antworten und war auf Selbstfindungssuche. Er fand den Weg in eine Freikirche, ließ sich, zusammen mit Lisa, als junger Erwachsener noch einmal taufen. Damit sollte er gereinigt werden von Sünde und seine Eingliederung in die christliche Gemeinschaft bekräftigen. Die kirchlichen Rituale vermochten ihn jedoch nicht zu überzeugen, den für ihn bestimmten Weg durchs Leben gefunden zu haben, und er trat wieder aus der Freikirche aus.

Beim Lesen der Bücher von Autoren, die sich mit Sinnfragen und religiösen Themen beschäftigten, fielen Beat zwei Bände von Neville Goddard in die Hände: «Freiheit für Alle» und «Die Macht des Bewusstseins». Laut Goddard gibt es nur einen Meister, trotz aller Götter in manchen Religionen, und dieser Meister ist Gott in mir, in mir selbst. Diese These öffnete Beat eine neue Denkweise und Türen, die er bisher nicht wahrgenommen hatte oder für verschlossen hielt. Gott und das Himmelreich warten nicht irgendwo auf uns, wie Kirchenprediger verkündigen, sondern es ist alles in uns angelegt und wartet darauf, entdeckt zu werden.

Beat vertiefte sich in Goddards Theorien über das Gesetz der Anziehung und fand bestätigt, was er bisher unbewusst gespürt hatte: Positives Denken bewirkt Positives, negatives Denken zieht dich hinab. Beat ist der lebende Beweis, dass sich Träume verwirklichen lassen: Er hat fast alles erreicht, wovon er früher geträumt hatte. Nach einem Sauerstoffmangel im Gehirn als Folge eines Herzstillstands hat er sogar ohne bleibende Beeinträchtigung seiner kognitiven Fähigkeiten den Weg zurück ins Leben gefunden. Das macht Beat für den Neurologen und Forscher Philipp Koch, den er während seines Aufenthalts im Inselspital kennenlernt, interessant. Beide erkennen, dass sie voneinander lernen können.

Beats Manuskript konnte man nicht einfach übernehmen, lektorieren und in Buchform umsetzen, ohne alles zuerst neu zu ordnen, Wiederholungen wegzulassen, Anmerkungen zu berücksichtigen und Dialoge, die nur Randnotizen waren, einzubringen. An unserer dritten Sitzung übergab er mir einen dicken Packen mit persönlichem Lebenslauf, zahlreichen Fotos und Zeitungsausschnitten über ihn, dazu viele handgeschriebene Notizen. Eine interessante Datensammlung, viel zu schade, nichts daraus zu machen.

Ich sah nur eine Möglichkeit, aus den unterschiedlichsten Teilen eine zusammenhängende Geschichte in Buchform zu bringen: Das Manuskript müsste neu geschrieben werden. Beat war sofort einverstanden, als ich ihm dies anbot.

In der Folge ist dieses Buch in einer schönen und spannenden Zusammenarbeit mit Beat entstanden. Ich danke ihm für sein Vertrauen, das er mir entgegengebracht hat.

Werner Affentranger

*«Es gibt zwei Arten der Täuschung:
Die eine ist, zu glauben, was nicht wahr ist,
und die andere, nicht zu glauben,
was wahr ist.»*

Søren Kierkegaard (1813–1855)

*Fantasie ist wichtiger als Wissen,
denn Wissen ist begrenzt.*

Albert Einstein (1879–1955)

Herzstillstand

Beat Bongni macht sich am 19. Juni 2019 auf die Reise nach Tenero. Dort will er an den Swisscom Games teilnehmen. Für die nächsten drei Tage wird er direkt am Lago Maggiore logieren, von wo ein Radweg nach Tenero führt. Er freut sich drauf, sein Auto in den nächsten Tagen auf dem Parkplatz des Hotels stehen lassen zu können und mit dem Fahrrad unterwegs zu sein. Mit diesem wird er das Gelände des Bundesamtes für Sport, auf dem die Swisscom Games stattfinden, bequem in fünfzehn Minuten erreichen können. Er ist in freudiger Erwartung auf das morgige Ereignis, an dem rund 5000 sportlich aktive Mitarbeiterinnen und Mitarbeiter der Swisscom in unterschiedlichsten Disziplinen teilnehmen werden. Beat ist Teamleiter einer der Sportgruppen und wird selber die neun Kilometer lange Joggingstrecke laufen. Seine Kolleginnen und Kollegen werden Mountainbike, Radrennen und Schwimmen absolvieren. Start und Ziel für alle ist Tenero.

Beat gibt auf dem Navi als Zielort Locarno ein und sieht, wie viel Zeit für die Fahrt berechnet wird und ob auf der Strecke Hindernisse oder Staus zu erwarten sind. Er vertraut der netten weiblichen Stimme, die ihm Anweisungen gibt, wie er auf schnellstem Weg von Bern ins Tessin gelangen kann.

Während der Fahrt gleitet Beat gedanklich in eine andere, imaginative Welt, ohne die Aufmerksamkeit auf die Straße zu verlieren. Er stellt sich vor, dass auch wir Menschen ein eingebautes Navigationssystem besitzen und ist überzeugt, dass er in seinem bisherigen Leben oft von diesem inneren System zum richtigen Zeitpunkt an den richtigen Ort geführt worden ist. Der Vergleich gefällt ihm. Ja, jede Entscheidung, die wir treffen, ist symbolisch gleichzusetzen mit einer Zieleingabe im Navi. Würde man von der Route abkommen, würde man das Ziel nicht in der gewünschten Zeit erreichen.

Beats Gedankengänge starten einen Rückblick auf seine bisherigen 59 Jahre als Erdenbürger. Dabei wird ihm bewusst, dass viele seiner Lebensumstände und alles, was ihn umgibt, das Ergebnis seiner bisherigen Entscheidungen und Ziele ist. Bei diesem Gedanken durchströmt ihn große Dankbarkeit, denn ihm ist klar, dass er nie in Depressionen gefallen oder an Burn-out erkrankt ist.

Auf seiner Route ins Tessin passiert er Wassen und nähert sich nun dem Eingang des Gotthard-Straßentunnels. Der Verkehr war bisher flüssig, und die freundliche Navi-Stimme hat keine Hindernisse gemeldet. So lässt er seinen BMW mittels Tempomat mit 120 km/h dahingleiten. Schön, sich mit Gelassenheit zum Ziel leiten zu lassen, so wie gerade jetzt. Doch was ist eigentlich Gelassenheit? Das Wort kommt vermutlich von loslassen, sich führen lassen. Das könnte stimmen, denkt er.

Bei der Einfahrt in den Tunnel durchfährt ihn unvermittelt ein Gedanke: Die letzte Vorsorgeuntersuchung fand vor erst drei Monaten statt, das Herz und seine körperliche Fitness wurden verschiedenen Tests unterzogen. Zwei Tage später dann das Top-Resultat: übertroffene Werte für einen 59 Jahre jungen Mann. Ein gesunder Körper, geprüft und für topfit befunden. So soll es sein, dieses Thema muss ihn heute und während der paar Jahre bis zu seiner Pensionierung nicht kümmern.

Noch zwei Kilometer bis Airolo. Schon kann er den Tunnelausgang sehen, dieses kleine weiße Licht, das immer größer wird. Und schon lacht ihm ein strahlend blauer Himmel entgegen. Die Sonne blendet ihn, weil die Augen sich an die Dunkelheit im Tunnel gewöhnt haben.

Nach gut einer weiteren Stunde Fahrt parkt er sein Auto beim Hotel und bezieht sein Zimmer. Kurze Zeit später radelt er bereits zum Gelände der Swisscom Games. Er freut sich aufs Einchecken und auf seine Kolleginnen und Kollegen, die er bald treffen wird. Die Startnummer für morgen hat er nach dem Briefing der Teams in der großen Turnhalle erhalten. Es ist die 303, eine schöne Zahl, findet er.

Beat spaziert Richtung See an zahlreichen Bars und Verpflegungsständen vorbei. Die Swisscom Games sind immer ein Highlight, ein riesiges Fest. Er will aber nicht zu lange dort verweilen, für das gemeinsame Feiern mit Kolleginnen und Kollegen bleibt nach dem Abschluss des sportlichen Teils der Veranstaltung noch genug Zeit. Er möchte am nächsten Morgen fit sein für die Strecke der Maggia und dem See entlang. Der

Weg führt am Monte Verità vorbei – dem Tessiner Berg der Wahrheit, wo einst auch Hermann Hesse für kurze Zeit gewohnt hatte. Hesse war ein gern gesehener Gast im Continental Park Hotel in Lugano, wo einige seiner Bücher ausgestellt sind, geöffnet an der Stelle, wo er das Tessin speziell erwähnt hatte. Dazu die dominant sichtbare Bronzefigur in der Hotel-Lobby.

Beats Gedanken kehren zurück zur Laufstrecke entlang dem See bis zur Mündung der Maggia, dann Richtung Losone, am Golfplatz vorbei und wieder zurück nach Tenero. Er fühlt sich beschwingt und voller Vorfreude auf den kommenden Tag. So schlummert er traumlos in den nächsten Morgen.

Beat ahnt nicht eine Sekunde, dass sein Lauf um die Mittagszeit beim Golfplatz, wo auch ein Turnier ausgetragen wird, für ihn jäh beendet sein wird.

Ausgeschlafen und voller Tatendrang geht er am nächsten Morgen an den Start und nimmt die Joggingrunde unter die Füße. Das Wetter könnte nicht besser sein, strahlender Sonnenschein lässt die üppige Vegetation entlang der Strecke in den schönsten Farben zur Geltung kommen. Die Landschaft und die Natur im Maggiadelta faszinieren ihn stets aufs Neue. Schnell ein paar Handyfotos für die Lieben zu Hause, dann ein letztes Selfie auf der langen Brücke über die Maggia in Losone. Er sendet die Fotos an seine Angehörigen.

Noch einen Kilometer bis zum Golfplatz, wo die Golf spielenden Kolleginnen und Kollegen ihn erblicken und ihm kurz zuwinken, dann am Golfrestaurant vorbei. Jetzt nur noch die lange, schmale Asphaltstraße, die beim Loch 13 abzweigt und zurück zum Ziel führt.

Hier, bei Loch 13, wo zeitgleich Beats Geschäftsfreund Thomas den Golfball versenken will, stürzt Beat unerwartet zu Boden. Hart schlägt sein Kopf auf dem Asphalt auf.

Beat ist innert Sekunden bewusstlos. Thomas Marfurt, der die Situation aus geringer Entfernung beobachtet hat, rennt sofort herbei und will Beat auf die Beine helfen. Doch das geht nicht, Beat sackt in sich zusammen, hat jegliche Kontrolle über seinen Körper verloren.

Nach der Halsschlagader tastend, bemerkt Thomas, dass kein Puls fühlbar ist. Thomas, der glücklicherweise Grundkenntnisse in erster Reanimation hat, beginnt sofort, Beat mit Wiederbelebungsversuchen ins Leben zurückzuholen. Er haucht Sauerstoff in Beats Körper, immer und immer wieder setzt er an.

Innerhalb weniger Minuten ist ein Notarzt zur Stelle. Schnell wird klar, dass die REGA avisiert werden muss. Keine zehn Minuten vergehen, bis die Polizei eintrifft, alles absichert und der Hubschrauber landet. Rasch wird der Defibrillator aufgesetzt: Stromstoß – Pause – Stromstoß – Pause.

Keine Reaktion, Beat kehrt nicht zurück ins Leben. Herzstillstand!

Im Koma

Die Reanimation wird von den Rettungssanitätern weitergeführt. Beat kann doch noch ein wenig Sauerstoff zugeführt werden, der zum Hirn gelangt.

Beat wird ins Spital nach Lugano geflogen, wo ihm in der Notfallstation zum Offenhalten der Blutgefäße drei Stents rund um das Herz implantiert werden. Er bekommt von all dem nichts mit. Er sieht und hört nichts, und er spürt keinen Schmerz. Er ist dem Tod so nahe, dass er in friedlicher Dunkelheit und Harmonie in einer zeitlosen Dimension weiter existiert, ohne zu wissen, wo er ist.

Er hat kein Verlangen nach irgendetwas, liegt einfach nur da, ohne Ahnung von Raum und Zeit.

Nahtoderfahrung: Was Menschen erleben, wenn sie sterben.
Die Frage, wie es ist zu sterben, treibt viele Menschen um. Eine neue Studie zu Nahtoderfahrungen könnte nun ein wenig Aufschluss geben: Forscher fanden heraus, dass unser Hirn, auch nachdem das Herz stehen geblieben ist, eine gewisse Zeit aktiv bleibt.
Ein Tunnel mit einem hellen Licht am Ende, das eigene Leben, das an einem vorbeizieht oder sogar außerkörperliche Erfahrungen: Einige Menschen waren dem Tod sehr nah und sind doch ins Leben zurückgekehrt. Ihre Erinnerung an den Moment, als das Herz aufhört zu schlagen, fasziniert – und beschäftigt seit Jahren die Wissenschaft. Denn dahinter steckt eine der vielleicht ältesten Fragen der Menschheit: Was erleben wir, wenn wir sterben? Phil Göbel: Ausschnitt aus stern.de vom 25.9.2023

Zwischen Leben und Tod
Die Debatte darüber, ob Nahtoderfahrungen tatsächlich so etwas wie vorübergehende Reisen ins Jenseits sind, ist heftig polarisiert. Für diejenigen, die sich das Phänomen mit spirituellen oder religiösen Ansätzen erklären, können sie ein Beweis für ein Leben nach dem Tod sein, dafür, dass sich der Geist vom Körper lösen und unabhängig endlos weiter existieren kann. Für die Naturwissenschaft hingegen sind Körper und Geist untrennbar miteinander

ander vereint. Für Nahtoderfahrungen muss es demnach rationale Erklärungen geben, die sich zum Beispiel anhand von biochemischen oder neurobiologischen Mechanismen beschreiben lassen. Stefan Nadile hat für seine Doktorarbeit mit rund dreißig Personen gesprochen, die eine Nahtoderfahrung gemacht haben. Er hat dabei nicht versucht, die Erzählungen religiös oder naturwissenschaftlich einzubetten. «Ich habe mich wertfrei und neutral an die Geschichten herangetastet und mich vor allem dafür interessiert, welche Bedeutung die Nahtoderfahrung für die Betroffenen hat», sagt Nadile.

Seine Erkenntnisse unterscheiden sich deutlich von der Herangehensweise der International Association of Near Death Studies (IANDS), von der es auch eine Schweizer Sektion gibt. Sie vertritt die Meinung, dass Nahtoderlebnisse fast unweigerlich eine Zäsur im Leben der Betroffenen darstellen, was dann zu einer vertieften, spirituellen Erkenntnis führen soll.

«Von diesem zäsurhaften Charakter der Erfahrung erzählte nur die Minderheit meiner Interviewpartnerinnen und -partner», sagt Nadile allerdings dazu. Er habe keine «Erleuchtungen» geschildert bekommen oder von Begegnungen mit Gestalten oder Dingen, die der Person nicht schon vor der Nahtoderfahrung bekannt gewesen wären. «Bei den meisten Befragten löste die Nahtoderfahrung eine Rückbesinnung auf frühere Werte aus.» Die biografische Komponente spiele für die subjektive Bedeutung eines Nahtoderlebnisses denn auch eine ganz wichtige Rolle.

Ausschnitt aus dem Bieler Tagblatt, 30.3.2024

Eines der erstaunlichsten Kennzeichen vieler Nahtodberichte ist die außerkörperliche Wahrnehmung. Man spricht daher gern auch von einer Jenseitserfahrung. So verließ auch Beats Bewusstsein seinen Körper und begegnete dem Jenseits, in dem er absolut nichts von der Welt und des Spitals mitbekam und in Frieden weg war. Es vergingen drei Wochen, bis Beat aus dem Delirium wieder zu Bewusstsein kam, obwohl er in dieser Zeit mit dem Hubschrauber von Losone in die Notfallstation des Spitals Lugano gebracht worden war, wo man ihn an die Hightech-Maschinen angeschlossen und ihm drei Stents implantiert hatte. Eine Woche später wurde er nach Bern in den Notfall des Inselspitals transportiert.

Delir, Traumszenen

In seinem jetzigen Zustand ist Beat weit davon entfernt, klar denken zu können. Sein Bewusstsein ist wie ausgeschaltet, aber sein Hirn produziert fortwährend Bilder und Szenen, die er nicht beeinflussen oder nach Belieben stoppen kann.

*

In einer imaginativen Szene wie in einem Kurzfilm befindet er sich im australischen Outback, wo er einen älteren Mann trifft, der ihm erklärt, wo und wie man Gold findet. Der Meister und Mentor erwähnt, dass es im Leben nicht nur um Reichtum und Macht geht, sondern um Liebe, Frieden, Glück und um die Erfüllung seiner Herzenswünsche. Darum sei er selber hier in White Cliffs in New South Wales. «Der Lebenskompass ist in dir selbst», sagt der Meister.

Beat dankt ihm und sagt: «Ich will wohlhabend sein, in einem großen Direktorenbüro arbeiten, Businesstrips und große Reisen machen, ein schönes Haus bauen, eine Familie gründen und Investor werden.»

Der Meister hört ihm aufmerksam zu, was Beat ermuntert, weiterzureden: «Dann will ich ein Buch schreiben. Über mein Leben aus einer einfachen Arbeiterfamilie in Biel. Das Buch soll Menschen helfen und aufzeigen, was in unserem irdischen Leben wichtig ist und was mit der richtigen Geisteshaltung alles erreicht werden kann. Wir sind mit unserem Körper nur eine kurze Zeit hier auf der Erde, dann kehrt unser ewiger Geist wieder zurück, von wo er gekommen ist.»

Der weise Meister schmunzelt und antwortet: «Beat, du bist spirituell unterwegs und hast verstanden, dass es im Leben nicht nur um Geld und materielle Dinge geht. Aber das bedeutet nicht, dass du deinen Traum aufgeben musst.»

Dann wieder Stille, Frieden und Dunkelheit. Im Komazustand ist Beat nicht in der Lage, aufzuwachen und über das Geträumte nachzudenken. Sonst hätte er gleich gewusst, dass es Peter Indermühle war, der ihm im Traum erschienen ist. Peter, dem er vor fast vierzig Jahren in Australiens Outback begegnet ist.

Gelegentlich entstehen wieder Bilder in Beats Träumen, Episoden aus seinem bisherigen Leben, so wie die Szene vor mehr als vierzig Jahren, als er Professor Marti gegenüber saß. Beat hatte ernsthaft erwogen, an der Uni Bern Theologie zu studieren und wurde zum Vorstellungsgespräch eingeladen. Doch während des Gesprächs spürt Beat, dass er diesen Weg, den ihm Professor Marti aufzeigt, nicht aus Überzeugung gehen kann. «Ich fühle, dass ich nicht dazu bestimmt bin, Theologe zu werden. Ich will einmal in die Wirtschaft einsteigen, Betriebswirtschaft, Marketing und Sales studieren und Geld verdienen. Ich möchte die Welt bereisen und andere Kulturen kennenlernen.»

Der Professor nickt: «Ich sehe. Wenn das der Fall ist, dann ist eine Karriere in der Wirtschaft wahrscheinlich die bessere Wahl für Sie. Ich möchte jedoch darauf hinweisen, dass das Streben nach Geld und Macht nicht unbedingt der Schlüssel zum Glück ist. Wichtig ist, dass Sie eine Karriere wählen, die mit Ihren Werten und Interessen übereinstimmt und bei der Sie Ihre Fähigkeiten und Talente voll einsetzen können.»

«Ich verstehe, Herr Professor. Aber ich denke, ich kann beides haben. Ich kann eine Karriere wählen, die mir finanzielle Sicherheit bietet und mir gleichzeitig erlaubt, meine Leidenschaften und Interessen zu verfolgen.»

«Das mag sein», entgegnet der Professor. «Aber bedenken Sie auch, dass es in der Wirtschaft oft darum geht, Gewinne zu maximieren und Wachstum um jeden Preis zu fördern, was nicht immer im Einklang mit ethischen Prinzipien steht. Wenn Sie also in der Wirtschaft arbeiten, müssen Sie sich möglicherweise mit moralischen und ethischen Fragen auseinandersetzen und herausfinden, wie Sie in einer Branche arbeiten können, die Ihren Werten entspricht.»

«Das habe ich verstanden», antwortet Beat. «Ich werde mir diese Fragen immer stellen und versuchen, nach ethischen Prinzipien zu handeln. Ich bin dankbar für Ihre Ratschläge.»

«Es war mir eine Freude, Ihnen als *Kompass* die mögliche Richtung anzuzeigen», entgegnete Professor Marti freundlich. «Ich wünsche Ihnen alles Gute auf Ihrem Karriereweg und hoffe, dass Sie sich immer daran erinnern werden, dass Erfolg nicht nur durch Geld und Macht definiert wird, sondern auch durch Glück, Freude und Erfüllung in dem, was Sie tun.»

Besuch von Lisa

Beat ist nun schon seit fünf Tagen im Berner Inselspital. Die Ärzte sind zuversichtlich, dass er überleben wird. «Das war knapp», sagt der Herzchirurg zu Lisa, die mit bleichem Gesicht an Beats Bett steht. «Er ist zum Glück für sein Alter körperlich sehr fit. Ihr Mann hat gute Chancen, wieder in die reale Welt zurückzukommen, aber Sie müssen ihm noch Zeit lassen, zu sich zu finden. Im Moment träumt er viel, das sieht man an seiner Mimik, und es scheinen keine Albträume zu sein. Das ist ein gutes Zeichen, sein Hirn ist aktiv.»

*

Vielleicht war es Lisas Anwesenheit, die in Beat aus seiner zeitlosen Imagination wieder eine Filmszene entstehen ließ. Er und seine Lisa wohnen in einem Bauernhaus in Lyss im Ortsteil Hardern oberhalb des Städtchens. Sie sitzen in der Wohnstube auf dem alten Sitzofen und schmieden Pläne für Entdeckungsreisen. Sie sind ein Paar, aber noch nicht verheiratet. Darauf werden Lisa und Beat bei Kirchenbesuchen immer wieder angesprochen. Im Konkubinat leben geht nicht. Sex vor der Ehe geht auch nicht. Aber wegen den geplanten Weltreisen kommt Heiraten trotz Kirchenmeinung für sie vorerst nicht infrage.

1979 war es dann soweit. Lisa und Beat begaben sich – unverheiratet – nach Berufsabschluss auf die erste Entdeckerreise mit dem Schiff von Ancona durch den Korinth-Kanal nach Haifa ins Heilige Land Israel.

Beat sieht, wie sie auf dem Berg Sinai stehen, dem Horeb, wo Moses einst von Gott die Zehn Gebote erhielt. Und wie sie den Ölberg besuchen, wo Jesus laut Bibel nach der Kreuzigung auf Golgatha zum Himmel hochstieg.

Dann das Tote Meer, wo angeblich die Salzsäule von Lots Frau steht, immer noch steht, weil sie nach Sodom zurückschaute. Dann das Rote Meer, wo Moses nach dem Auszug aus Ägypten durch das geteilte Wasser trockenen Fußes mit dem ganzen Volk in das gelobte Land wanderte.

*

Diese Bilder ziehen wie real an Beat vorbei, bis wieder Stille und Frieden eine Harmonie herstellen.

Besuch von Claudia und Conny

Beats Töchter Claudia und Conny begrüßen ihren Vater, der regungslos, aber mit geöffneten Augen im Spitalbett liegt. Er schaut zur Decke hoch und zeigt keine Reaktion auf die Begrüßung, auch nicht, als Conny seine Hand streichelt.

«Was meinst du, kann Papa uns hören, wenn wir mit ihm reden?», fragt Conny ihre Schwester.

Claudia ist ratlos und mustert den dünnen Schlauch, der an einen Apparat neben Beats Bett angeschlossen ist und mit einer Sonde unter dem Verband am Handgelenk des Patienten endet. Damit werden ihm offenbar die lebenserhaltenden Nährstoffe zugeführt, denkt sie. Ob ihr Vater etwas hört oder gar versteht, wenn man mit ihm spricht, würde sie auch gerne wissen. «Ich weiß nicht, aber wir können ja den Arzt fragen», sagt sie, als gerade ein Mann in weißem Arztkittel das Zimmer betritt und die zwei Frauen freundlich begrüßt. Der Mann ist höchstens vierzig, also nicht viel älter als ich, vermutet Claudia.

«So genau wissen wir das leider auch nicht», beantwortet der Arzt die Frage. «Aber wir haben schon oft erfahren, dass Patienten sich nach einer Operation erstaunlich gut erinnern konnten, was sie im Zustand der Bewusstlosigkeit alles gehört haben. Ihr Vater ist in einer Art künstlichem Koma. Den Begriff kennen Sie vielleicht...»

«Künstliches Koma? Wieso?»

«Das dient zur Überwachung von Herz und Kreislauf. Das ist kein Dauerzustand, sondern ein Prozess mit fließenden Übergängen in einen Zustand von minimalem Bewusstsein bis zum Aufwachen und zur Rückkehr ins reale Leben. Manchmal bewegt er sich und gestikuliert ohne erkennbare Absicht dahinter.»

«Und Sie können das alles kontrollieren?», fragt Claudia. «Wie lange dauert denn dieser Prozess, und wird unser Vater dann wieder so sein wie vor dem Herzstillstand?»

«Das sind gute Fragen», sagt der Arzt bedächtig. «Bis Herr Bongni aufwacht, kann es noch Tage dauern, vielleicht Wochen. Erst dann werden wir sehen, welche kognitiven Fähigkeiten Ihrem Vater geblieben sind. Gedächtnisschwund ist eine häufige Nebenwirkung nach Herzstillständen, aber mit Geduld und therapeutischer Begleitung können Erinnerungslücken mit der Zeit wieder geschlossen werden.»

*

Noch während Beats Töchter an seinem Bett stehen, schließt er die Augen und versinkt in einen weiteren Traum. Er sieht, wie er sich entschieden hat, in welche Familie auf der Erde er hineingeboren werden will.

Paul-Ernst aus Cordast im Kanton Freiburg hat in Biel eine Stelle gefunden als Hausmeister im Postgebäude beim Bahnhof. Er ist glücklich und beginnt seine Arbeit im Jahr 1958. An einem Samstagabend im Ausgang in Biel trifft er im Tanzlokal beim Zentralplatz Verena von Allmen aus Beatenberg. Sie freunden sich an, und bald heiraten sie. Am 25. April 1960 kommt Beat im Bieler Beaumont-Spital zur Welt – ein interessantes Leben auf der Erde beginnt.

Ein weiteres Ereignis erscheint auf Beats Bildschirm des Lebens... In der zeitlosen vierten Dimension, in der er sich ohne Bewusstsein befindet, sieht er sich an einem Symposium mit Großkunden der Swisscom.

Vor dem Galadiner in Thun besteigen Gäste und Manager der Swisscom in Interlaken das Schiff. Er sieht Kurt Aeschbacher vom Schweizer Fernsehen, der den Gästen verkündet, dass sie gleich etwas Außergewöhnliches erleben würden.

Dann sieht er ein Auto langsam ins Wasser fahren und schwimmen wie ein Boot. Er erkennt Frank Rinderknecht, der das Fahrzeug steuert und den Passagieren auf dem Schiff zuwinkt. Die Gäste lachen und applaudieren begeistert, danach verblasst das Bild, und ein anderes entsteht. Er sieht Kurt Aeschbacher ihm gegenüber sitzen und hört ihm zu. «Weißt du, ich glaube nicht an die Existenz von Gott dem Gerechten und an das Jüngste Gericht», erklärt ihm der Mann. «Und du, glaubst du an Gott?»

Beat weiß nicht, was er antworten soll und bleibt stumm.

«Aber manchmal beneide ich Menschen, die an Gott glauben», redet der Mann weiter. «Sie glauben, dass der Lasterhafte zur Hölle fährt und der, der nicht gesündigt hat, im Jenseits als Himmelsbewohner ein ewiges Leben weiterführen darf. Glaubst du das auch?»

Beat findet keine Worte, um zu antworten. Statt dessen sieht er jetzt ihm gegenüber am Küchentisch seinen Vater, mit dem er sich einig ist, dass es bestimmt einen paradiesischen Himmel gibt, so wie es in der Bibel steht, und dass die bösen Menschen nach ihrem Tod bestraft und in der Hölle schmoren werden. Das ärgert seine Mutter, für die das Alte Testament aus Märchen besteht, so wie die Geschichte vom Weihnachtsmann. Beat will protestieren, bringt aber wieder keinen Satz zustande. «Wenn du einmal älter und klüger bist, mein Sohn», sagt die Mutter, «dann wirst du eine andere Meinung haben als dein Vater.»

Auf einmal sind die Traumbilder wieder verschwunden. Dunkelheit und Vergessen machen sich breit.

*

«Siehst du, wie friedlich er ausschaut?», meint Claudia zu ihrer Schwester. «Ich glaube, er träumt etwas Schönes.»

Ins Leben zurückfinden

Wieder bei Bewusstsein

Beat erwacht drei Wochen nach seiner Ankunft im Berner Inselspital wieder im Bewusstsein. Er liegt in einem Zimmer des Anna-Seiler-Hauses, das zur Inselgruppe gehört. Er weiß nicht, wo er sich hier befindet und glaubt zu träumen. Das Zimmer und das Bett, in dem er liegt, können nicht real sein. Mechanisch drückt er auf den Knopf am herabhängenden Kabel.

Zwei Minuten später steht eine Krankenschwester vor ihm und begrüßt ihn. «Hallo, Herr Bongni, willkommen im Anna-Seiler-Haus, ich bin für Sie zuständig, mein Name ist Frau Müller. Sie haben mich gerufen, was kann ich für Sie tun?»

Beat staunt und fragt zögernd, wo und warum er sich hier befinde. Es verwirrt ihn, dass ihm das Sprechen schwerfällt, er muss nach Wörtern suchen und sich anstrengen, diese verständlich zu artikulieren.

Frau Müller erklärt: «Sie sind hier, weil Sie im Tessin einen Herzstillstand erlitten haben. Zuerst waren Sie in Lugano auf der Notfallstation, dann hier im Inselspital Bern in der Notfallaufnahme, und hier sind Sie jetzt im Anna-Seiler-Haus in der Abteilung Neurorehabilitation.»

Beat staunt und kann das Gehörte vorerst nicht begreifen. Er mustert die Frau, die freundlich lächelnd an seinem Bett steht. Eine Ärztin? Oder eine Krankenschwester? Seine Gedanken rotieren, als er fragt: «Warum? Was mache ich hier?»

Frau Müller erklärt langsam und deutlich: «Hier befinden sich Patienten mit Schädel-Hirn-Verletzungen, die einen Schlaganfall, einen Hirntumor oder, wie Sie, akuten Sauerstoffmangel im Hirn hatten. Ihr Hirn hatte wegen eines Herzstillstands Sauerstoffmangel, und Sie haben überlebt, weil innerhalb von zehn Minuten Reanimation, ein Notarzt und dann ein Rettungshelikopter zur Stelle waren. Sie haben viel Erlerntes verloren, und wir sind nun für Sie da, Ihnen mit der sogenannten neurorehabilitativen Behandlung zu helfen, wieder ins Leben zurückzufinden.»

Wieder ist Beat verwundert, weil er nicht weiß, was in den letzten drei Wochen passiert ist. Die zwei Tage vor der Abreise nach Tenero, die Fahrt ins Hotel und die Joggingstrecke an den Swisscom Games sind in seinem

Bewusstsein gelöscht, er hat keine Erinnerung daran. Mühsam formuliert er Fragen, die ihm gerade in den Sinn kommen: «Wo ist mein Auto? Was ist passiert? Wo ist meine Familie? Wie lange bin ich schon hier, und wie lange muss ich hierbleiben?»

Frau Müller geht nur auf die letzte Frage ein: Das kann man noch nicht genau sagen. Zuerst werden Sie mit den Psychotherapeuten arbeiten, dann wird mit den Physiotherapeuten für Sie ein Gymnastikprogramm zusammengestellt. Zudem wird ihr Herz täglich von Kardiologen überprüft. Voraussichtlich wird es eine weitere Operation geben, bei der Ihnen Bypässe eingesetzt werden. Das alles wird drei bis vier Monate dauern.»

«Drei bis vier Monate?» Beat versucht zu begreifen, was geschehen ist und warum es noch Monate dauern soll, bis er diese surreale Umgebung verlassen kann. Kann es sein, dass ich alles nur träume, fragt er sich verunsichert.

«Dann wissen wir, ob ein Berufseinstieg und ein normales Leben wieder möglich sind», spricht Frau Müller weiter. «Oder ob Sie nicht mehr arbeiten können und dann von der IV entschädigt und begleitet werden. Wir haben hier in der Klinik einen IV-Berater, der mit Ihnen Kontakt aufnehmen wird. Es sind einige Formulare in Zusammenarbeit mit Ihrem Arbeitgeber auszufüllen. Die Swisscom hat bereits einen Case-Manager für Sie gemeldet, damit alle Fragen bezüglich Ihres möglichen Wiedereinstiegs ins Berufsleben geklärt werden können.»

Hoppla, denkt Beat. Die Erwähnung des Namens seines Arbeitgebers löst bei ihm etwas aus: Swisscom, sein Job im Management des größten Telecomkonzerns des Landes! Ein Anhaltspunkt! Sein Hirn fängt an, Erinnerungen an die oberen Schichten seines Bewusstseins zu holen.

Dann bin ich also hier für längere Zeit gefesselt. Herzstillstand, reanimiert – ich war demnach klinisch tot oder fast tot – und bin dem Tod von der Schippe gesprungen. Langsam dämmert ihm, dass sein Leben an einem dünnen Faden gehangen haben muss und dass er sich hier und jetzt nicht in Traumwelten, sondern in einem Bett des Berner Inselspitals befindet und wie durch ein Wunder wieder in der realen Welt angekommen ist.

Für weitere geistige Anstrengungen, um seinen jetzigen Zustand zu begreifen und nachzufragen, was vor drei Wochen genau passiert ist, fühlt

Beat sich im Moment nicht in der Lage. Er schließt die Augen, und Frau Müller verlässt das Zimmer, um ihrem Team die Neuigkeit mitzuteilen, dass der Komapatient in Zimmer 208 soeben erwacht sei.

Beat driftet nicht wieder in seine Traumwelten ab. Er ist damit beschäftigt, die Informationen zu verarbeiten, die er von Frau Müller erhalten hat. Psycho- und Physiotherapeuten sollen ihn wieder aufrichten, nachdem er mit einem Fuß schon das Jenseits betreten hatte. Ja, denkt er, ich brauche ihre Hilfe, damit ich hier herauskomme und meinen Kompass wieder finde.

Puzzleteile und Visionen

Beat hat jetzt Zeit, nachzudenken, sehr viel Zeit. Er vertraut den erfahrenen Ärztinnen und Ärzten des Spitals, dass sie alles dafür tun, Patienten wie ihn wieder «herzustellen», und ihm ist bewusst geworden, dass es ein langer Prozess sein wird, wieder ins normale Leben zurückzukehren. Ein Beinbruch wäre einfacher, denkt er, da müsste ich mich nur darauf konzentrieren, wieder laufen zu lernen. Aber ein Hirnschaden?

Frau Müller und ein Mann, den er zum ersten Mal sieht, kommen in sein Zimmer. «Das ist Professor Koch», stellt sie ihren Begleiter vor. «Er ist Neurologe und wird Sie jetzt öfter besuchen kommen.»

«Freut mich», antwortet Beat. Die beiden Männer geben sich die Hand.

Professor Koch lächelt freundlich. «Schön, dass Sie wieder ansprechbar sind. Ich freue mich, Sie kennenzulernen. Sie sind ein sehr interessanter Fall für uns, nicht nur wegen des Eingriffs an Ihrem Herzen, sondern was die Funktionalität Ihres Hirns betrifft.»

«Darüber habe ich gerade nachgedacht», entgegnet Beat. «Habe ich einen Hirnschaden?»

«So würde ich es nicht bezeichnen», sagt der Professor grinsend. «Ihre sympathischen Töchter, die Sie während Ihrer Komaphase besucht haben, wollten von mir wissen, ob Sie wieder ganz wie früher funktionieren werden, wenn Sie nach Hause gehen können.»

«Ja..., und was haben Sie ihnen gesagt?»

«Dass wir das noch nicht genau beantworten können, aber dass Sie gute Chancen haben, wieder ins Berufsleben zurückzukehren, weil Ihr Hirn nicht verletzt ist. Wegen kurzzeitigen Sauerstoffmangels sind gewisse

Hirnzellen inaktiv geworden, Sie werden deshalb sehr wahrscheinlich einige Gedächtnislücken haben. Aber wir können daran arbeiten, möglichst viel von dem, was bei Ihnen in einer Art Schlummerzustand ist, wieder auf die Reihe zu bringen. Morgen beginnen wir mit dem Training.»

Das tönt gut, denkt Beat, nachdem Frau Müller und Herr Koch den Raum verlassen haben.

*

Am nächsten Morgen erhält Beat schon bald nach dem Frühstück Besuch von Professor Koch. Der Mann ist durchschnittlich groß, von schlanker Statur, Brillenträger, etwa Anfang vierzig, schätzt Beat.

«Wir fangen mit einfachen Übungen an», erklärt der Professor. «Wir gehen soweit wie möglich zurück zu Ihren ersten Erinnerungen, also zu Ihrer Kindheit und Jugendzeit. Was haben Sie da an Erinnerungen? Erzählen Sie einfach!»

So hat Beat sich das «Training» nicht vorgestellt. Und das soll eine einfache Übung sein? Er braucht etwas Zeit, sich zu sammeln. Er schließt die Augen und stellt zu seinem Erstaunen fest, wie auf seinem imaginären Bildschirm Bilder entstehen. Seine Mutter erzählt ihm von seiner Geburt. «Ich wurde am 25. April 1960 im Bieler Beaumont-Spital geboren. Meine Mutter, Verena aus Beatenberg, gab mir den Namen Beat.»

Professor Koch macht sich Notizen, und Beat spricht weiter. «Ich wuchs in einfachen Verhältnissen in Biel auf, ging dort zur Schule und hatte mit fünfzehn ein Gespräch mit meinem Vater Paul-Ernst, der mich fragte, was ich einmal werden möchte. Er sagte mir, dass ich Lehrer oder Arzt werden müsse, wenn ich es zu etwas bringen wolle. Ich wollte aber nicht noch länger in die Schule gehen, und Arzt wollte ich auch nicht sein. Ich stellte mir vor, was Ärzte so alles machen müssen. Operieren, Körper untersuchen, Kranke und Verunfallte in sterilen Räumen behandeln. ‹Ich kann das nicht›, sagte ich. ‹Und ich vertrage es schlecht, wenn ich Menschen bluten sehe.›

Beide Berufe kamen für mich nicht infrage, und erstaunlicherweise war mein Vater darüber sehr erfreut.»

Professor Koch lächelt und notiert etwas. «Interessant», findet er. «Und dann? Für welchen Beruf hatten Sie sich entschieden?»

«Ein paar Monate später kam der Vater mit einer neuen Idee. Er hatte in den großen Geschäftsgebäuden der Post und Telecom in Biel beim Bahnhof als Facility Manager – damals nannte man das noch schlicht Hausmeister – gearbeitet. Er leitete ein kleines Team und hatte nebenbei auch externe Kunden, für die er gewisse Arbeiten und Aufträge zur Instandhaltung von Gebäuden ausführte. Darunter war eine kleine mechanische Werkstatt und Kunstschmiede. Dort hat er für mich eine Schnupperlehre organisiert. Diese Schnupperlehre habe ich absolviert und mich dann mit Vater und Lehrmeister geeinigt, eine vier Jahre dauernde Lehre zu beginnen. Es war nicht mein Traumberuf, aber weil ich damals außer Visionen, die mir unrealistisch vorkamen, keine Idee hatte, was ich sonst machen könnte, habe ich die Lehre als Metallbauschlosser und -techniker mit Erfolg bestanden.»

«Was waren es denn für Visionen, die Sie damals hatten?»

«Ach, die waren irgendwie verschwommen, weit weg vom realen Umfeld, das mir vertraut war. Während der Lehrzeit musste ich dann und wann in großen Chefbüros Reparaturen ausführen oder neue Sicherheitstüren montieren. Ich kam mit Menschen in Kontakt, die in solchen Büros arbeiteten und hatte manchmal kurze Gespräche mit ihnen.»

Professor Koch schaut vom Notizblock auf und sieht, dass sein Patient in Gedanken offenbar woanders ist. «Erzählen Sie ruhig weiter.»

«Ja, in einem Büro zu arbeiten und wichtige Aufgaben zu erledigen, kam mir interessanter vor als mein handwerklicher Beruf, obschon ich nicht die kaufmännische Ausbildung hatte, die für Angestellte mit verantwortungsvollen Aufgaben in einem Büro erforderlich ist.

Ein anderes Arbeitsgebiet waren Kunstschmiedeprodukte, die ich oft herstellen durfte und dann in Villen montieren konnte. Das waren Gartentore, Fenstergitter zur Verschönerung der Fassade und zum Schutz gegen Einbrecher. Da staunte ich, wie schön manche wohnen. So wollte ich mit meiner Familie, die ich noch gar nicht hatte, auch einmal wohnen, wünschte ich mir. Natürlich wusste ich, dass dafür eine Menge Geld nötig ist, das ich nicht besaß. Ich stellte mir vor, wie es sich anfühlen würde, Besitzer eines Einfamilienhauses zu sein, eine liebe Frau und Kinder zu haben und als Chef in einer großen Firma mit wichtigen Persönlichkeiten Geschäfte machen zu können.»

«Nun, Visionen sind natürliche Voraussetzungen, sich ein Ziel zu setzen. Manchen gelingt es, ihre Träume zu verwirklichen», bemerkt der Professor.

Die Macht der Imagination – die Fähigkeit, uns auch weit in der Zukunft liegende Ereignisse vorzustellen...

Beat lächelt. Soeben wird ihm bewusst, dass er im Lauf der Zeit viele seiner Träume verwirklicht hat. Er kennt die Macht der Imagination und weiß aus eigener Erfahrung, was man im Leben erreichen kann, wenn man nicht nur Träume hat, sondern an sich selber und die eigenen Chancen glaubt. Träume werden nicht einfach Wirklichkeit, wenn man nur träumt. Darüber würde er gerne mit Professor Koch reden.

Dieser schaut ihn erwartungsvoll an, und Beat hat das Gefühl, dass der Professor ihm nicht nur routinemäßig zuhört, sondern echtes Interesse an dem hat, was ihm sein Patient erzählt. «Da fällt mir noch eine Begegnung aus dieser Zeit ein, die ich nicht vergessen habe...»

«Erzählen Sie!»

«Bei der Erledigung von Arbeiten in großen Chefbüros und Villen konnte ich manchmal mithören, was da so alles besprochen und geplant wurde. Einmal bekam ich mit, wie eine Assistentin für ihren Chef telefonisch eine Geschäftsreise nach Amerika organisierte. Ein andermal sah ich einen dieser CEOs in feinem Anzug und mit Rollkoffer aus dem Gebäude marschieren. Spontan erkundigte ich mich bei der Sekretärin, wohin der Chef jetzt gehe. Ich stand an der Tür, an der ich ein neues Schloss einsetzte, und die Frau schaute mich erstaunt an. Herr Mosimann müsse heute an ein Meeting nach Paris und komme erst in drei Tagen wieder zurück, bemerkte sie.

Ich sagte, dass ich auch lieber solche Reisen machen würde.

Die Frau schien meine Bemerkung nicht als Scherz verstanden zu haben, sondern spürte anscheinend meine große Sehnsucht nach Reisen, die ich ausstrahlte. Im Plauderton sagte sie: ‹Ja, Reisen ist eine Horizonterweiterung. Ich habe einen Bruder, der war fünf Jahre für ein Hilfswerk in Afrika. Dort, in Malawi, hat er eine Frau gefunden und geheiratet. Sie sind später nach Australien gereist und dort geblieben.›

‹Was macht er denn in Australien?›, wollte ich wissen.

Das wisse sie nicht so genau, sagte sie. Im letzten Brief habe er geschrieben, dass er Opale suche und mit seiner Familie im Outback lebe.

Ich war beeindruckt und meinte, dass ich mir so eine Abenteuerreise auch vorstellen könnte. Dann sagte die Frau zu meiner Überraschung, dass sie mir die Adresse ihres Bruders geben könne. Sie heiße übrigens Erika und wollte meinen Namen wissen.

‹Schön, Beat. Ich schreibe dir hier Peters Adresse auf für den Fall, dass du einmal Australien besuchst.› »

«Spannende Geschichte!», findet Professor Koch. «Darf ich raten? Sie haben später diesen Peter besucht, nicht wahr?»

«Sie haben recht. Aber zuerst wollte ich meine Lehre abschließen, danach das Abendtechnikum machen, und zu dessen Vorbereitung nahm ich bereits an einem Kurs über Elektrotechnik teil. Aber Peters Adresse ist mir bis heute im Gedächtnis geblieben: Peter Indermühle, Opalfields White Cliffs in New South Wales, Australia. Ein Telefon hatte er nicht, weil die Minen mehr als hundert Kilometer von der normalen Zivilisation entfernt sind.»

«Erstaunlich, was Sie aus dem Gedächtnis hervorholen», lobt Professor Koch. «Sie haben jetzt volles Programm mit Gymnastik, Untersuchungen in der Kardiologie und so weiter, aber ich möchte die Gespräche mit Ihnen fortsetzen. Ich komme in einer Woche wieder vorbei.»

«Gerne.» Beat freut sich auf die nächste Besprechung mit diesem Professor Koch. Was bezweckt er, wenn er mich auffordert, ihm aus meinem Leben zu erzählen, angefangen mit Erinnerungen an meine Kindheit und Jugendzeit? Vermutlich will er einfach herausfinden, ob ich mich noch an die wichtigsten Ereignisse in meinem bisherigen Leben erinnern kann. Wie Puzzleteile, die ein ganzes Bild ergeben, wenn man sie richtig zusammensetzt.

*

Beat reist in der folgenden Nacht tatsächlich im Traum nach Australien, erlebt in Kurzform, wie er mit dem Einwanderungsvisum in der Tasche – das er auf der Botschaft in Bern rasch bekommen hatte, weil Australien Bedarf an Berufsleuten hatte und er als «Metalconstruction Technician» willkommen war – nach Down Under geflogen ist.

Leider ohne Lisa, seine damalige Freundin und jetzige Frau, die ihren neuen Job im Coop Lyss nicht aufgeben wollte.

Sprunghaft wechselt die Szene, und Lehrmeister Germann spricht mit Beat. Er motiviert ihn, über das ideale Leben nachzudenken. Beat irritiert dabei, dass Germann als vermögender Unternehmer in einer Vierzimmer-Mietwohnung mit einer komplizierten Ehefrau lebt. Er ist doch Unternehmer und Inhaber der Metallbau AG.

Beat erwacht und erinnert sich an das soeben Geträumte. Ja, der alte Germann. Ein guter Mensch, und ich hielt ihn damals für einen Geizkragen, der zu Hause unter der Fuchtel seiner strengen Frau war. Doch so war es nicht, die beiden waren ein glückliches Paar und führten ein erfülltes Leben. Heute weiß ich, dass Glück und Erfüllung im Leben nicht ausschließlich auf Wohlstand basiert, denkt er. Und wer vermögend ist, sollte nicht damit angeben. Damit gewinnst du nicht die echten Freunde.

Beat hat in seinem Leben nicht wenige Menschen kennengelernt, die trotz materiellem Wohlstand unglücklich waren.

Lisa

Beats Traumszenen kommen ihm wie Fragmente vor, die willkürlich in seinem Hirn herumpurzeln. Seine Liebsten können helfen, Erinnerungslücken zu füllen, auch seine Arbeitskollegen werden wichtig sein, damit er wieder in die Spur finden wird, denkt er.

Mit jeder Minute, die verstreicht, seit Beat mit wachem Bewusstsein ins Leben zurückgekehrt ist, wird der Gedanke an Lisa, seine Frau, immer bestimmender. Sie ist ihm wichtiger als alles andere. Wichtiger als die Rückkehr an den Arbeitsplatz. Seine Lisa. Langsam kehren seine Erinnerungen an die erste Begegnung mit ihr zurück.

Auf der Suche nach einer Partnerin traf er Lisa beim Tanzen im November 1978 in Lyss. Sie war seine erste wahre Liebe und hatte ein Herz aus Gold. Sie verbrachten von da an jede freie Minute miteinander.

Beat schmiedete Pläne für weltweite Entdeckungsreisen. In Brasilien mit dem Schlauchboot den Amazonas erkunden, nach Nepal reisen. Lisa mochte sich dafür nicht begeistern, da sie mit dem Leben in der Schweiz sehr zufrieden war und nicht diesen Drang verspürte, die große weite Welt entdecken zu wollen.

Beat war in den Jahren 1977/78 oft mit Heinz Binggeli, einem Schulfreund, im Ausgang unterwegs. Sie kannten das Bieler Unterhaltungsprogramm in den Discos und die Restaurant-Treffpunkte. Aber sie suchten etwas Neues außerhalb von Biel. So landeten Beat und Heinz im Tanzsaal Rössli in Lyss, wo «The Frogs» spielten.

Hier war eine andere Kultur als im städtischen Biel. Männer schauten sich um und gingen zum Tisch, wo eine Frau auf eine Tanzeinladung wartete. So ging Beat an den Tisch, wo Lisa saß. Sie gab ihm keinen Korb und folgte ihm auf die Tanzfläche. Danach lernten sie sich im Gespräch ein wenig kennen. Lisa wohnte in der Hardern oberhalb von Lyss, Beat im städtischen Biel.

Immer wenn so ein Samstagabend zu Ende ging, war es üblich, dass Kolleginnen und Kollegen, die zusammen im Ausgang waren, noch zu einem Schlummertrunk zu Hause einluden. Auch Beat ging mit einer kleinen Gruppe und Lisa zu ihr nach Hause in die Hardern. Um drei Uhr morgens gingen alle nach Hause und Beat wieder nach Biel. Am folgenden Sonntagmorgen bemerkte er, dass er seinen Schal bei Lisa hatte liegen lassen.

Das war ein guter Grund, erneut mit dem roten Mazda in die Hardern zu fahren. Die Begrüßung bei Lisa und der Mama war herzlich, und Beat wurde spontan zum Mittagessen eingeladen. Lisas Mama gab sich große Mühe, Beat mit feinem Essen zu verwöhnen.

Der Funken der Liebe zwischen Lisa und Beat konnte so mit Leichtigkeit überspringen. Dank des vergessenen Schals wurde Beat in der Folge oft wieder eingeladen, und bald einmal durfte er auch dort übernachten. Einzig Hans, Lisas Vater, war etwas misstrauisch, ob das mit dem Stadtjungen mit zerrissenen Jeans und seinem geliebten jüngsten Töchterchen etwas werden könnte. Hans war skeptisch. Er war Emmentaler aus dem Schangnau/Bumbach und hatte das Leben als Verdingkind von der harten Seite kennengelernt. Das konnte er als Erwachsener mit dem Umzug ins Seeland nach Lyss und der Gründung einer Firma für Wand- und Bodenbeläge hinter sich lassen.

Ein alter Hit von Udo Jürgens kommt Beat in den Sinn: «Ich war noch niemals in New York und war nie auf Hawaii. Ich ging noch nie mit zerrissenen Jeans durch San Francisco…». Zerrissene Jeans wurden ein Trend, und ich war damals so etwas wie ein Trendsetter, denkt Beat amüsiert.

Die Kraft des positiven Denkens

In den folgenden Tagen und Wochen vergeht für Beat die Zeit wie im Flug. Ärztliche Untersuchungen, Physiotherapie und Besuche von seinen Angehörigen, Freunden, Bekannten und Arbeitskollegen lassen ihm wenig Gelegenheit für Meditation und das Versinken in Traumwelten.

Die Physiotherapie zeigt rasch Wirkung. Beat bewegt sich sicher über die Treppen hoch zur Dachterrasse, wo er den Ausblick über die Stadt und auf den Gurten, den Berner Hausberg, genießt.

Am meisten haben Beat die Besuche von Lisa und den Kindern geholfen, wieder seine Identität zu finden. Die Gespräche mit ihnen gaben ihm die Orientierung zurück, die er in den ersten Tagen nach dem Aufwachen aus dem Koma gesucht hatte.

Doch ein großer Teil des Weges zurück in sein gewohntes Umfeld liegt noch vor ihm. Eine weitere Operation stehe bevor, bei der zwei Bypässe eingesetzt werden müssten, um verengte Herzkranzgefäße zu stabilisieren, wie Frau Müller ihm erklärt hat. Beat ist entschlossen, alle Therapien zu befolgen und blickt der nächsten Operation mit positiven Erwartungen entgegen.

*

Tarzi, einst Key Account Manager in Beats Team, besucht ihn. Beat ist dankbar, sich mit dem gleichaltrigen Freund austauschen zu können. Gemeinsam haben sie früher Wanderungen unternommen, oft zusammen mit ihren Frauen, und Events besucht, die sie interessierten.

«Es ist großartig, dich zu sehen», begrüßt ihn Tarzi mit einem breiten Grinsen. «Aber ich wünschte, es wäre unter besseren Umständen. Ich habe gehört, was passiert ist und mache mir wirklich Sorgen um dich.»

«Danke, Tarzi. Es war wirklich eine ziemlich heftige Erfahrung. Ich war in Tenero an den Swisscom Games, als ich plötzlich diesen Herzstillstand hatte. Es war, als ob die Zeit stillstände. Zum Glück war Thomas Marfurt in der Nähe und hat sofort den Notarzt gerufen. Ich kann mich nur bruchstückhaft an diese Momente erinnern, bevor ich ins Koma fiel. Jetzt bin ich dabei, wieder alles auf die Reihe zu bekommen und muss mich auf eine weitere OP vorbereiten. Dafür, dass ich noch lebe, kann ich einfach nur dankbar sein.»

«Ich kann mir vorstellen, wie das gewesen sein muss. Das ist wirklich beängstigend, wo du doch so fit warst und mit deinem Herz nie ein Problem hattest. Aber du machst auf mich einen guten Eindruck, Beat. Du siehst viel besser aus, als ich erwartet habe.»

«Danke, Tarzi. Die erste Operation ist gut verlaufen, und die Ärzte hier sind wirklich gut. Ich fühle mich in besten Händen. Aber in letzter Zeit habe ich viel über mein Leben nachgedacht, über den Sinn und was wirklich wichtig ist.»

«Das klingt nach einer tiefgreifenden Erfahrung», meint Tarzi nachdenklich. «Hast du überlegt, ob du wieder ins Arbeitsleben zurückkehren möchtest? Das Business läuft im Moment gut.»

«Ja, darüber habe ich viel nachgedacht. Ich liebe meinen Job, aber diese Erfahrung hat mir die Augen geöffnet. Ich denke schon länger darüber nach, ob es nicht an der Zeit ist, etwas kürzer zu treten. So spannend mein Job auch ist, so viel meiner Energie beansprucht er auch. Die Idee einer Frühpensionierung wird für mich immer verlockender. Ich möchte das Leben mehr genießen, so lange ich dazu noch in der Lage bin, und möglichst viel Zeit mit meiner Familie verbringen.»

«Das klingt nach einer weisen Entscheidung. Das Leben ist zu kurz, um es nicht in vollen Zügen zu genießen, so lang das möglich ist. Hast du schon eine Vorstellung davon, womit du dich im Ruhestand beschäftigen möchtest?»

Beat muss nicht lang überlegen: «Ich möchte reisen, mehr Zeit in der Natur verbringen und mich meinen persönlichen Interessen widmen. Ich habe vor, ein Buch zu schreiben und vielleicht sogar einige Seminare über persönliche Entwicklung zu geben. Ich denke, es ist an der Zeit, meinem inneren Kompass zu folgen.»

Tarzi nickt anerkennend: «Das tönt nach einem bestimmten Plan, den du vermutlich schon im Kopf hast. Ich glaube, das ist eine gute Entscheidung. Das Leben sollte gelebt werden und Freude machen, und du hast eine zweite Chance erhalten. Nutze sie, um zu tun, was dich wirklich glücklich macht.»

Nachdem Tarzi sich verabschiedet hat, nimmt Beat das Buch in die Hand, das ihm sein Freund als Geschenk mitgebracht hat: *Die Kraft des positiven Denkens,* ein Weltbestseller der 90er-Jahre von *Norman Vincent* Peale (Erstausgabe in den USA 1952).

Beat lächelt und ist dankbar für das Gespräch mit seinem alten Freund. Es war ein Moment der Reflexion und des Umdenkens, der ihn daran erinnerte, den Sinn seines Lebens neu zu definieren und den Weg zu wählen, der ihm wirklich entsprach.

Mit Hoffnung und Zuversicht lässt sich jedes Problem lösen.

Dass sich mit Hoffnung und Zuversicht alle Probleme lösen lassen, ist ein schöner Gedanke, findet Beat, zumindest ist es eine gute Art, eine schwierige Aufgabe anzugehen. Er nimmt sich vor, dieses Buch und noch viele andere Bücher zu lesen, die sich mit Fragen nach dem Sinn des Lebens befassen.

Phil

Die zweite Operation wurde von *Ophélie Loup* – sie arbeitete am Berner Inselspital mit dem international bekannten *Thierry Carrel* zusammen – erfolgreich durchgeführt. Beat hat den Eingriff, bei dem ihm zwei Bypässe eingesetzt wurden, erstaunlich gut verkraftet. Die folgende Zusammenarbeit mit Sporttherapeut Lüthi macht ihm bisher richtig Spaß. Neben physiotherapeutischen Übungen wie Schwimmen und Turnen nehmen sie sich Zeit für Tischtennis, Federball und regelmäßige Walkingrunden im Park des Inselspitals. Schon nach anderthalb Monaten, der ersten Hälfte der ganzen Reha-Zeit, meinte Lüthi, dass ihm bald nichts Neues mehr einfalle, womit er Beat fordern könne.

Beat zeigte sich auch außerhalb der physiotherapeutischen Maßnahmen bereit, alle Übungen mitzumachen. Er wurde von seiner Psychotherapeutin beauftragt, alles einzukaufen, um einen Teig für Muffins herzustellen und diese dann in den Backofen zu schieben. Das hat er mit Bravour erledigt, die Muffins schmeckten. Auch kleine Gartenarbeiten konnte er verrichten und sich an der Pflege von Kräutern und Blumen freuen.

Nun sitzt er in seinem Zimmer und liest im Buch über die Kraft des positiven Denkens, als jemand an der Tür klopft und, ohne auf eine Antwort zu warten, den Raum betritt. Beat sieht von seinem Buch auf und begrüßt den Eintretenden. «Grüezi, Herr Professor. Ich habe Sie heute gar nicht erwartet.»

«Entschuldigen Sie, dass ich einfach so hereinplatze, aber ich war zufällig in der Nähe und wollte bei dieser Gelegenheit mal schauen, wie es Ihnen geht. Ich sehe, Sie sind gerade an einer spannenden Lektüre. Positives Denken, das ist schön. Ein interessantes Buch, ich habe es vor einigen Jahren auch gelesen. Übrigens, wir kennen uns ja nun schon eine Weile, und ich schlage vor, dass wir uns duzen. Ich heiße Philipp, aber Freunde nennen mich Phil.»

«Oh, das freut mich, Phil», nickt Beat lächelnd. «Aber unser bisheriges Kennenlernen ist ja ziemlich einseitig. Du weißt eine ganze Menge über mich, aber umgekehrt weiß ich von dir nur, dass du Professor und Neurologe bist.»

«Du hast recht, so ist es mit Patienten bei uns und natürlich in jedem andern Spital auch. Hauptsächlich beschränkt sich unser Kontakt mit Patientinnen und Patienten auf medizinische Abklärungen und Behandlungen. Ich bin Neurowissenschaftler und arbeite im Inselspital im Bereich Hirnforschung. Mich interessieren Menschen wie du, deren Hirn nach einem Unfall oder Herzstillstand während kurzer Zeit nicht mit genügend Sauerstoff versorgt worden ist. Manche dieser Patienten erleiden bleibende Schäden, verlieren kognitive Fähigkeiten und sind nicht mehr in der Lage, ihre frühere Rolle in der Gesellschaft ausüben zu können. Du scheinst mir die seltene Ausnahme zu sein, und das macht dich für mich speziell interessant.»

Beat legt das Buch weg und schaut Philipp Koch aufmerksam an. «Was meinst du damit?»

«Keine Sorge!», antwortet Phil lächelnd. «Die Resultate deiner EKG- und EEG-Messungen sind mir bekannt. Dein physischer Zustand ist erstaunlich gut, wenn man dein Alter und die Operationen berücksichtigt, die du kürzlich überstanden hast. Ich habe aber ein persönliches Interesse, deine Fortschritte zu verfolgen.»

«Was meinst du mit persönlichem Interesse?»

«Berechtigte Frage!» Philipp Koch legt eine kleine Denkpause ein. «Ich möchte dich als Mensch besser kennenlernen und mehr über dich erfahren. Es wäre interessant herauszufinden, ob es ein dummer Zufall war, der in Tenero zu deinem Absturz geführt hat, oder ob eine bestimmte Konstellation von Ereignissen – psychischen oder physischen Ursprungs – zum Blackout geführt haben.»

Beat ist hellwach. Genau diese Fragen hat er sich in den letzten Wochen auch immer wieder gestellt. «Aber ich verstehe nicht, wie du das herausfinden willst.»

«Du solltest das nicht missverstehen. Ich weiß, dass du vor dem Herzstillstand Außergewöhnliches geleistet hast und dass du jetzt in der Reha wieder Erstaunliches leistest. Frau Müller, zu der du guten Kontakt hast, sagte mir, dass du bereits Pläne hättest. Du möchtest ein Buch schreiben, wenn ich das richtig verstanden habe.»

«Ja, das stimmt. Aber ich verstehe nicht ganz, worauf du hinaus willst...» Beat gibt sich keine Mühe, seine Ungeduld und ein gewisses Misstrauen zu verbergen.

«Nun, du könntest sagen, dass ich dich in Ruhe lassen soll, dass dich jetzt nur die Gegenwart und Zukunft interessieren und du nichts anderes im Sinn hast, als baldmöglichst von hier wegzukommen und dort fortzufahren, wo der Herzstillstand dich gestoppt hat, so wie ein Unfall, nach dem man wieder aufsteht.»

«Nur ein Unfall? Nein, so war es nicht. Es ist etwas passiert, das ich mir nicht erklären kann. Aus heiterem Himmel, völlig unerwartet. Drei Monate vor dem Herzstillstand hatten ärztliche Untersuchungen ergeben, dass ich topfit sei. Kurz darauf bin ich nur dank glücklichen Umständen nicht wegen eines Herzversagens gestorben.»

«Richtig. Man hätte dich aufgrund der Ergebnisse der medizinischen Untersuchungen kurz vor dem Herzstillstand sicher nicht einer Risikogruppe zugeordnet. Gerade deshalb bin ich als Forscher an deinem Fall speziell interessiert. Ich war nebenbei auch eine gewisse Zeit lang am internationalen Human-Brain-Projekt in Lausanne beteiligt, von dem du vielleicht gehört hast. Dieses Projekt muss man leider als mehr oder weniger gescheitert betrachten. Wahrscheinlich waren die Erwartungen der Öffentlichkeit einfach zu hoch. Was nicht verwundert, denn Hirnforschung kann sich nicht nur auf das beschränken, was wir sehen und messen können. Außerdem besteht der Mensch nicht nur aus Hirn, wie wir alle wissen, und manche unserer besten Entscheidungen sind nicht zwangsläufig eine Folge von logischen Gedankengängen. Viele von uns Forschern haben übrigens auch Bücher veröffentlicht, die aber nur in Ausnahmefällen Bestseller sind. Die meisten unserer wissenschaftlichen Publikationen sind auf Plattformen und in Fachzeitschriften zu finden, für die sich die normale Leserschaft kaum interessieren dürfte. Eine trockene Schreibweise, nicht zu vergleichen mit Belletristik.»

Der Wissenschaftler senkt den Kopf und mustert Beat über den oberen Brillenrand. «Das Buch, das du gerade liest, gehört in den Bereich Esoterik. Du weißt sicher, dass es heute in diesem Bereich eine Unmenge von Ratgeberbüchern gibt. Millionen Leser verschlingen diese Literatur in der Hoffnung, Wege aufgezeigt zu bekommen, wie man zu Wohlstand kommt und glücklich wird. Nichts gegen die guten Ratschläge in diesen Büchern, die eine Lebenshilfe sein können. Außerdem wirst du vielleicht herausfinden, dass dein Schreibprojekt, was immer dabei herauskommt, auch etwas Therapeutisches hat. Darf ich fragen, worum es in deinem Buch geht? Schreibst du einen Roman?»

«Vorläufig habe ich nur eine ungefähre Vorstellung davon, was ich schreiben will. Ich hatte mir schon lange vor meinem Herzstillstand vorgenommen, ein Buch zu schreiben und in Tagebüchern und Notizblocks immer alles niedergeschrieben, was mir wichtig war. Meine Frau hat mir die ganze Sammlung und meinen Laptop ins Spital gebracht, und das ist sehr hilfreich für mich, Vergangenes aufzuarbeiten und Erinnerungen aufzufrischen.»

«Das sind ideale Voraussetzungen, an deinem Buch zu arbeiten und gleichzeitig dein Langzeitgedächtnis zu aktivieren. Du schreibst demnach keinen Roman, sondern deine Lebensgeschichte…»

«Ein Roman wird es sicher nicht, auch kein Lehrbuch und keine Biografie, obwohl ich viel über mein bisheriges Leben zu erzählen habe. Ich bin ein optimistischer Mensch und weiß aus Erfahrung, dass positives

Denken Positives anzieht. Das möchte ich im Buch erklären und mit Beispielen begründen.»

Phil sagt, dass er das Buch sofort kaufen werde, wenn es einmal in den Buchhandlungen liege. Er schlägt Beat vor, dass sie sich regelmäßig zu einem Gespräch treffen könnten, bevor Beat das Inselspital als geheilter Patient verlassen werde.

Beat versteht zwar immer noch nicht ganz, was Phil von ihm erwartet, aber dessen großes Wissen über das menschliche Hirn und sein Interesse für Randgebiete der Forschung beeindrucken ihn. «Es würde mich freuen, mich weiterhin mit dir austauschen zu dürfen», hört Beat sich sagen.

Rückblicke

Während der verbleibenden Zeit im Inselspital durchforstet Beat Fotoalben, gesammelte Dokumente, Agenden und Tagebuchaufzeichnungen, die ihm Lisa gebracht hat. Er nutzt diese Zeit, um sich neue Ziele zu setzen und diese zu manifestieren.

Wie schreibt man ein Buch? Wie fängt man an?

Jetzt, da ein neuer Lebensabschnitt beginnt, will er seinen Kompass neu ausrichten. Beat tut das so, wie er es immer gemacht hat, wenn er sich neu orientieren musste. Er stellt sich die Fragen: Woher komme ich? Wo bin ich hier? Wo will ich hin?

Jugenderinnerungen

Beim nächsten Gespräch mit Phil, das schon fast freundschaftlichen Charakter hat, will der Neurologe von ihm wissen, wie er das Erwachsenwerden in Erinnerung habe. «Jugendliche verhalten sich oft unbekümmert und haben selten schon ein klares Ziel, welche Rolle sie einmal in unserer Gesellschaft spielen möchten. Man ist bereit für manchen Blödsinn und will alles Mögliche ausprobieren. Wie war das bei dir? Warst du die Ausnahme?»

«Ich weiß nicht, worauf du hinaus willst», lacht Beat. «Du denkst vielleicht, dass ich schon immer wusste, was ich will oder nicht will, was ich kann oder nicht kann. Zum Teil stimmt das, meine damaligen Kollegen von der Gewerbeschule würden wahrscheinlich bestätigen, dass ich von mir immer sehr überzeugt war, wenn es um sportliche Leistungen ging.»

«Hast du ein Beispiel?»

Die Wette

«Wegen meines durchtrainierten Körpers und des Optimismus, den ich ausstrahlte, wurde ich oft herausgefordert. Ob ich es schaffen würde, in weniger als vier Stunden die Strecke von fünfundvierzig Kilometern um den ganzen Bielersee zu laufen, ob ich von Biel nonstop bis zur Petersinsel schwimmen könnte, und so weiter. Dann kam von einem der Kollegen ein Vorschlag, der spontan ausgeführt werden konnte, eine Wette. Dabei ging es darum, Paul, einen der Kollegen, drüben im Hochhaus am Stadtpark ohne Halt bis ins fünfzehnte Stockwerk hoch zu tragen.»

«Ziemlich schräg. Und ich vermute, du hast die Wette angenommen», grinst Phil.

Beat schüttelt den Kopf. «Nicht sofort. Ich musste erst überlegen, ob ich das schaffen könnte. Dann habe ich zugestimmt, aber nur unter der Bedingung, dass ich von jedem der zwölf Kollegen fünf Franken bekomme, wenn ich es schaffe. Darüber wurde erst diskutiert, und schließlich kam die Wette zustande. Sie waren überzeugt, dass sie gewinnen würden, und sechs von ihnen gingen schon mal voraus auf die Dachterrasse, von der man eine tolle Aussicht vom Weissenstein bis zum Chasseral und auf den See hat. Die andern sollten hinter mir herlaufen und kontrollieren, ob ich mich an die Regel halte und Paul ohne Zwischenhalt bis auf das Dach über der fünfzehnten Etage trage.»

«Ich glaube, du warst dir bereits sicher, dass du die Wette gewinnen würdest», bemerkt Phil.

«Etwas Vergleichbares hatte ich ja noch nie gemacht, aber ja, ich war zuversichtlich.»

«Ein Beispiel für dein positives Denken. Und natürlich hast du es geschafft, sonst würdest du die Geschichte jetzt nicht erwähnt haben», sagt Phil schmunzelnd.

«Wahrscheinlich hast du recht. An Erfolge erinnert man sich lieber als an Niederlagen. Während ich also, mit Paul auf dem Buckel, Treppe für Treppe hochstieg, führten die Kollegen hinter mir philosophische Gespräche. Diego, der Intellektuelle unter uns, zitierte *Jean-Jacques Rousseau*:

Die Jugend ist die Zeit, Weisheit zu lernen. Das Alter ist die Zeit, sie auszuüben.

Diego war übrigens der Einzige, der mir zutraute, die Wette zu gewinnen. Schon nach dem sechsten Stockwerk schnaufte ich wie eine Dampflokomotive, weil Paul beide Arme um meinen Hals geschlungen hatte und meine Beine langsam schwerer wurden. Aber nach der zehnten Etage spürte ich so etwas wie einen Energieschub. Auf den obersten Stufen beschleunigte ich meine Schritte, betrat mit Paul auf dem Rücken die Dachterrasse und nahm den Applaus der Kollegen entgegen.»

«Wirklich verrückt», meint Phil. Dann wechselt er das Thema: «Und wie war das damals mit Mädchen, zum Beispiel mit deiner Lisa? Warst du da zum ersten Mal verliebt?»

Erste Liebe

Beat schaut nachdenklich zur Decke der Cafeteria, ihrem Treffpunkt im Inselspital. «Also, da gab es zuerst Lara», antwortet er zögernd.

«Und? Erzähl mal!»

«Lara war die Frau, die meinen Wunschvorstellungen so ziemlich genau entsprochen hat, rein äußerlich jedenfalls. Nach knapp zwei Jahren hat sie sich für einen andern Partner entschieden und mich einfach sitzen lassen. Das war zuerst eine große Enttäuschung für mich, aber ich habe daraus etwas gelernt, dass nämlich für eine dauerhafte Beziehung andere Eigenschaften der beiden Partner wichtiger sind als Traumbilder, die wir haben. Daraus entstand mein Wunsch, eine Partnerin fürs Leben zu haben. Durch Zufall habe ich viel später erfahren, dass Lara zehn Jahre nach unserer Trennung nach einer schweren Krankheit gestorben ist. Es tönt jetzt vielleicht etwas zynisch, wenn ich sage, dass ich dem Schicksal dankbar sein muss, weil mir erspart blieb, plötzlich ohne Familie und Lebensmittelpunkt dastehen zu müssen. Mein Leben wäre komplett anders verlaufen. Lara war mein erster Schwarm, da war ich das erste Mal verliebt. Aber Lisa war meine erste Liebe.»

Beat erzählt Phil anschließend, wie er Lisa kennengelernt hat und wie daraus eine dauerhafte Beziehung entstand.

«Ich glaube, ihr habt eine harmonische Beziehung», meint Phil. «Das freut mich. Und irgendwann habt ihr geheiratet und eine Familie gegründet. Magst du erzählen, wie es weiterging?»

«Gerne, aber lass mir etwas Zeit, denn vor unserer Hochzeit ist noch viel passiert: Lehrabschluss, Weiterbildung, Militärdienst, ein viermonatiger Aufenthalt mit Lisa in Israel und dann meine Auswanderung nach

Australien. Ich muss zuerst nachsehen, was ich in meinen Unterlagen über diese Zeit noch finde.»

«Das tönt ja sehr spannend. Ich wusste gar nicht, dass du einmal nach Australien ausgewandert bist. Du musst mir bei unserer nächsten Sitzung unbedingt von diesen Ereignissen berichten!»

Beat nimmt sich vor, für Phil alles zusammenzustellen, was er in den 70er- und 80er-Jahren dokumentiert hat. Er denkt, dass einiges davon auch nützlich sein könnte für das Buch, das er schreiben will.

Erste Auslandsreise mit Lisa

Als Achtzehnjähriger bestand Beat die Fahrprüfung für Autos und 125er-Motorräder. Ein eigenes Auto zu besitzen, betrachtete er als absolute Notwendigkeit, um sich frei fühlen und jederzeit irgendwohin fahren zu können.

Mit seinem ersten Fahrzeug, einem roten Mazda, den er als günstige Occasion gekauft hatte, reisten er und Lisa über die Route Napoléon nach Südfrankreich und legten in der Camargue einen Halt ein, um eine Pferdetour im Sand zu erleben. Das war für Beat und Lisa eine neue Erfahrung, aber sie reichte nicht, sie fürs Reiten zu begeistern. Vielmehr reizte es sie, an die Côte d'Azur zu fahren und sich einmal die Orte anzuschauen, wo die Reichen und Schönen wohnen.

In Cannes, Monaco, Nizza und St. Tropez bekamen sie beim Besichtigen der Prunkbauten, Villen und Yachthäfen einen Eindruck von einem Luxus, den sich nur Superreiche leisten können.

Schon als Kind hatte Beat gespürt, dass er die Fähigkeit hatte, sich vorzustellen, was er in seinem Leben sein möchte. Bilder, Bücher, Abenteuerfilme und schöne Häuser haben ihn inspiriert, sich selber imaginativ in der Zukunft zu erleben.

Hier siehst du real, wovon du bisher geträumt hast. Aber ist es wirklich das, was du willst?

Beat war beeindruckt, aber nicht sonderlich überrascht von den Statussymbolen für Reichtum, die hier zu bestaunen waren. Seinen Mazda hatten sie neben einem Bentley geparkt, in dem ein Chauffeur saß, der offensichtlich auf seinen Chef wartete.

«Bonjour monsieur», hatte Beat ihm zugerufen. Der Mann erwiderte den Gruß mit müdem Kopfnicken.

Begriffe wie Geldadel, Oligarchie und Steueroasen waren Beat damals fremd, aber er ahnte, dass man es sich als gewöhnlicher Lohnempfänger nie würde leisten können, hier zu wohnen.

Sie gingen in ein nett aussehendes Café am Yachthafen von St. Tropez und bestellten Kaffee und Croissants. Der Ober nahm die Bestellung wortlos entgegen und brachte das Gewünschte und die Rechnung ein paar Minuten später ebenso stumm. Beat schaute zweimal auf den Zettel und dachte, der Ober müsse sich geirrt haben: 96 Francs, das waren doch etwa dreißig Schweizer Franken! Er legte hundert Francs auf den Tisch, bevor sie das Lokal schweigend verließen.

Auf dem Weg zurück zum Auto bemerkte er beiläufig zu Lisa: «Komm, wir fahren über die Grenze nach Italien.»

Der ligurischen Küste entlang mit Zwischenstopp in Sanremo fuhren sie nach San Bartolomeo al Mare, wo sie ein hübsches Hotel direkt am Meer fanden. Der Empfang war freundlich, das Zimmer günstig, das Abendessen in der nahen Pizzeria ganz nach ihrem Geschmack. Der Kellner freute sich über den Besuch der giovani svizzeri und machte Beat Komplimente über seine Begleiterin: «È una bella donna.»

Welch ein Unterschied, dachte Beat. Dort die stinkreichen Snobs, hier diese Lebensfreude.

Erste Israelreise

Als Lisa und Beat 1979 – noch unverheiratet – erstmals nach Israel reisten und während dreier Monate im Norden des Landes, nahe an der Grenze zum Libanon im Kibbuz Kfar Giladi, arbeiteten, stellten sie fest, dass die Israeli im Heiligen Land wesentlich anders denken und leben als die Christen in der Schweiz. Ihr Glaube war ein anderer, und vor allem ging es immer um die Existenzfrage Israels. Das Land ist umgeben von Ländern, die Israel als Staat nicht anerkennen.

Als fremdartig und strenggläubig haben sie die orthodoxen Juden empfunden, die sich an der überlieferten Lehre orientieren, welche in der Thora und im Talmud niedergeschrieben ist. Lisa und Beat nutzten die Gelegenheit, Jerusalem zu besuchen und staunten dort über die

Rabbiner, die dreimal täglich an der Klagemauer ihre Gebete verrichten. «Sie richten ihr Leben nach der Halacha aus», hatte ihnen der Guide einer Touristengruppe erklärt, der sich Lisa und Beat angeschlossen hatten. «Die Halacha enthält mehr als 600 Gebote und Verbote, deren Auslegung im Talmud und in der Thora festgelegt und von den Rabbinern interpretiert wird. Dabei werden uralte jüdische Gesetze und Traditionen grundsätzlich erhalten, aber die Rabbiner sind meist unterschiedlicher Meinung, wie Verhaltensregeln ausgelegt werden können und führen oft Streitgespräche untereinander.»

Beat staunte und wollte wissen, ob die Kleidung der orthodoxen Juden auch vorgeschrieben sei und ob man darüber streiten dürfe. Er war sich bewusst, dass das eine naive oder vielleicht sogar provokative Frage war, wartete aber gespannt auf die Antwort.

«Nein, darüber wird nicht gestritten», sagte der Touristenführer. «Praktisch alle strenggläubigen Juden tragen aus Respekt vor Gott immer eine Kopfbedeckung, die Kippa, und Ultraorthodoxe darüber noch einen Hut. Orthodoxe jüdische Frauen tragen einen sittsamen langen Rock und in der Öffentlichkeit ein Kopftuch.

Gestritten wird jedoch nicht so, wie Sie vielleicht denken, sondern ausschließlich über unterschiedliche Auslegungen der Texte, die vor vielen Jahrhunderten geschrieben wurden und weil es davon auch andere Überlieferungen gibt. So wird zum Beispiel im Chassidismus, der in Osteuropa seinen Ursprung hat, über Texte debattiert, die im zweiten Jahrhundert geschrieben worden sind. Diese Streitgespräche werden nicht erbittert geführt, sondern mehr wie ein Wettstreit, bei dem es darum geht, wer die überzeugenderen Argumente hat.»

Interessant, aber so genau wollten es Beat und Lisa gar nicht wissen, und sie reisten weiter nach Tel Aviv, Israels größter Stadt, wo sie das Gefühl hatten, in einer modernen Partystadt angekommen zu sein. Hier herrschte Lebensfreude pur, es gab Shops und Cafés wie in jeder westlichen Großstadt, die Menschen waren zumeist fröhlich unterwegs, genossen das Nachtleben und schienen mit strenger Religion nichts am Hut zu haben.

Nach vier Monaten im Nahen Osten sehnten sich Beat und Lisa wieder nach Ruhe und Heimat. Den Abschluss ihrer Reise bildete Kairo, wo sie einen günstigen Flug buchten. Mit der damaligen Swissair flogen sie wieder in die Schweiz.

Ihr Ziel war jetzt Geldverdienen und Sparen, um bald wieder auf eine Reise gehen zu können. Beat fand einen temporären Job als Metallbauer.

Beat wollte nicht ins Militär

Wie alle jungen Schweizer Männer erhielt Beat als Achtzehnjähriger eine Einladung der Armee für die Aushebung zur Rekrutenschule. Dem Schreiben konnte er entnehmen, dass er einen Wunsch für seine Zuteilung anbringen könne, beispielsweise Grenadier, Panzersoldat oder Infanterist. Falls er ein ärztliches Zeugnis über eine körperliche Beschwerde habe, solle er dieses an der Aushebung vorlegen.

Vier Monate Rekrutenschule war überhaupt nicht das, was er wollte. Das würde seine Pläne für die nächsten Reisen und die berufliche Weiterbildung komplett durcheinanderbringen. Er war sportlich und gesund, aber ins Militär wollte er nicht. Gab es Alternativen? Wenn ja, welche?

Beat war gegen Krieg, Gewalt und Militär. Aus allen Büchern der Weisheit hat er gelernt und verstanden, dass Gewalt nicht mit einem friedlichen Leben vereinbar ist. Sollte er den Militärdienst verweigern? Dann müsste er ein Gesuch stellen, und wenn dieses akzeptiert würde, müsste er Zivildienst leisten, der um die Hälfte länger dauert als der Militärdienst. Das kam für ihn nicht infrage. Würde er aber auch den Zivildienst verweigern, könnte ihn das Militärgericht zu einer Gefängnisstrafe verurteilen.

Sollte er auswandern? Beat fing an, sich ernsthaft mit dieser Idee zu beschäftigen. Erika fiel ihm ein, die ihm von ihrem Bruder Peter Indermühle erzählt hatte, der in Australien nach Gold und Opalen sucht. Ein verlockender Gedanke, aber das Auswandern müsste er sorgfältig vorbereiten. Von heute auf morgen war das nicht zu schaffen.

Eine andere Möglichkeit, die Dienstpflicht zu umgehen, wäre eine ärztliche Bescheinigung wegen körperlich eingeschränkter Leistungsfähigkeit. Moment mal, dachte Beat, ich spüre doch manchmal so ein Stechen im Rücken, besonders beim Radfahren und Schwimmen!

Er entschied sich für eine Untersuchung. Das Ergebnis nach einer Woche war interessant. Beat war gesund und fit, aber auf den Röntgenbildern war eine Krümmung in der Wirbelsäule erkannt worden, eine sogenannte Scheuermann-Wirbelsäulenerkrankung. Der Arzt erklärte ihm ausführlich, worum es sich beim «Morbus Scheuermann» handelt und dass diese Wachstumsstörung der Wirbelsäule lebenslang Rückenschmerzen zur Folge haben könnte.

«Wunderbar!», hätte Beat beinahe ausgerufen. Statt dessen sagte er dem Arzt: «Ich muss demnächst an die Aushebung für die Rekrutenschule. Können Sie mir ein Zeugnis wegen körperlich eingeschränkter Leistungsfähigkeit ausstellen?»

Die sichtbare Wachstumsstörung auf den Röntgenbildern hat Beat an der Aushebung hoffnungsvoll vorgelegt. Aber die Ärzte und Aushebungsoffiziere befanden ihn nicht für völlig dienstuntauglich. Er wurde als fähige hilfsdienstpflichtige Büro-Ordonnanz eingeteilt. Eine Rekrutenschule musste er nicht absolvieren, was Beat wenigstens als Teilerfolg betrachtete.

Als das Aufgebot für einen Einsatz in Romont in der Westschweiz kam, rückte er ein. Statt einer Waffe bekam er eine mechanische Schreibmaschine, und anstelle des Trainings zum Bedienen des Sturmgewehrs musste er das Zehnfingersystem üben. Egal, er hatte sich seine berufliche Zukunft ohnehin in der Bürowelt vorgestellt und empfand seinen zu leistenden Beitrag zur Landesverteidigung als absoluten Glücksfall.

Während die Soldaten der Infanteriekompanie mit voller Ausrüstung in der Kälte auf der Kampfbahn, angetrieben von laut schreienden Unteroffizieren, unter Stacheldraht herumrobbten, schrieb er im warmen Kommandobüro auf der Schreibmaschine Tagesbefehle, die er dann überall dort anbringen musste, wo die Soldaten sie zur Kenntnis zu nehmen hatten.

Im Kommandobüro konnte Beat miterleben, wie in der Armee geführt und befohlen wird, und er verglich den militärischen Führungsstil mit dem, den er bisher in der Privatwirtschaft kennengelernt hatte. Es war für ihn eine interessante Erkenntnis, dass im Militär der Dienstrang eine entscheidende Rolle spielt. Da wird streng von oben nach unten befohlen, und Befehle müssen bedingungslos befolgt werden. Besonders für die untersten Dienstränge gilt: Befehl entgegennehmen und exakt ausführen, nicht darüber nachdenken oder gar nach dem Warum fragen. Als Zeichen, dass er die Anweisung kapiert hat, muss der Rangniedrigste, also der Rekrut oder der Soldat, strammstehen, deutlich sagen, dass er verstanden hat und den Befehl wiederholen. Mangelhafte oder falsche Ausführung eines Befehls bringt den Vorgesetzten zum Schreien und hat meist eine Bestrafung zur Folge. Unter den Offizieren spielte der Dienstgrad zwar auch eine Rolle, aber Beat nahm zur Kenntnis, dass sie sich untereinander deutlich respektvoller, oft sogar freundschaftlich, begegneten.

Während Beat einmal gerade eine kleine Pause einlegen durfte, sprach ihn ein Offizier an: «Wie gefällt es dir hier?»

«Es geht», antwortete Beat. «Aber eigentlich wäre ich jetzt lieber in Süditalien. Wegen des Militärdienstes musste ich die Reise verschieben.»

«Du reist gerne? Das kannst du bei uns auch. Nächste Woche gibt es Truppenverschiebungen», grinste der Leutnant.

Beat erklärte, dass er sich hier langsam einigermaßen zurechtfinde, dass aber der militärische Umgangston für ihn noch gewöhnungsbedürftig sei.

«Daran wirst du dich gewöhnen müssen», sagte der Leutnant. «Betrachte den Militärdienst als Übung für den Ernstfall, also für den möglichen Kriegszustand. Da können Entscheidungen nicht mehr demokratisch diskutiert und gefällt werden. Disziplin und Gehorsam sind dann absolut entscheidend. Und die meisten Soldaten sind froh, wenn Befehle klar erteilt werden und sie dann wissen, was zu tun ist.»

Dieses Gespräch blieb Beat in Erinnerung. Es hat ihm eingeleuchtet, dass im Ausnahmezustand andere Regeln und Gesetze gelten würden. Er war froh, seinen ersten militärischen Einsatz passabel gemeistert zu haben. Und tatsächlich hatte er manchmal nach dem stundenlangen Sitzen am Pult mit der Schreibmaschine vor sich leichte Rückenschmerzen verspürt.

Als Key Account Manager und Verkaufsdirektor für Bund und Armee hatte Beat viele Jahre später bei der Swisscom direkten Kontakt mit hohen Offizieren, Divisionären und dem CdA (Chef der Armee). Er durfte sogar Top-Level-Meetings organisieren und selber mit dabei sein, als sich Carsten Schloter, damals CEO der Swisscom, mit Ueli Maurer traf, der als Bundesrat dem Ministerium für Landesverteidigung vorstand. Auf der Ebene von Divisionär, Brigadiers und Obersten im Generalstab lief dann alles weniger formell ab, und Beat war bald mit vielen dieser Offiziere per Du.

*

«Du bist eine richtige Wundertüte», findet Phil. Er und Beat sitzen an ihrem Stammtischchen in der Cafeteria. Beat ist in seinen Tagebuchaufzeichnungen und Dokumenten in den letzten Tagen fündig geworden und konnte Phil das Material übergeben und ergänzend kommentieren.

«Ich sehe, dass du genügend Stoff beisammen hast, um daraus ein Buch zu schreiben. Und wann erzählst du mir von deiner Auswanderung nach Australien?», will Phil wissen. «Da gab es doch diesen Peter, der in Australien Gold und Opale gesucht hat und den du besuchen wolltest.»

«Du hast ein gutes Gedächtnis», anerkennt Beat. «Tatsächlich war Peter Indermühle der Auslöser für diese Reise. Ich kann dir übermorgen, bei unserer nächsten Sitzung, erzählen, wie das gelaufen ist.»

*

Allmählich beginnt Beat, sich mental auf seinen Wiedereinstieg ins Berufsleben vorzubereiten. Er hat regelmäßig Besuch von seinen Arbeitskolleginnen und -kollegen bekommen, die sich über seine physischen Fortschritte erfreut zeigten. Für sie schien klar zu sein, dass Beat bald wieder an seinen Arbeitsplatz zurückkehren würde.

Beat sieht das etwas anders. Er ist dankbar dafür, dass er in absehbarer Zeit wieder in der Lage sein wird, seinen Job und die damit verbundene Verantwortung wiederaufnehmen zu dürfen. Der Herzstillstand und die letzten Wochen in der Klinik haben jedoch seinen inneren Kompass merklich beeinflusst. Er fühlt, dass berufliche Herausforderungen auf ihn nicht mehr die gleiche Anziehung ausüben wie noch vor seinem Herzstillstand.

Erste Australienreise

Phil freut sich offensichtlich auf Beats Auswanderungsgeschichte. Beat hat sich nur wenige Notizen gemacht und erklärt dem Professor, dass er ihm alles aus dem Stegreif erzählen kann.

«Australien war zu dieser Zeit, im Jahr 1980, ein Einwandererland. Als Metalconstruction Technician war ich willkommen und bekam ein Visum. Ich habe mich aber nach der Ankunft nicht um eine Stelle bemüht, sondern zuerst meinen Schulkollegen Heinz Binggeli besucht. Mit ihm bin ich 1978 in Lyss gewesen, wo ich Lisa kennenlernte, nun war er in Melbourne, um Englisch zu lernen.

Vier Tage später bin ich mit dem Bus und per Autostopp weitergereist und habe nach einer Woche Peter in White Cliffs gefunden. Er wohnte zusammen mit seiner Frau und zwei Kindern in einer Untergrundwohnung, so wie alle Opalsucher in der Gegend. Es gab sogar ein unterirdisches Bed and Breakfast.

Peter freute sich über den Besuch aus der Schweiz und die Grüße seiner Schwester. Er hatte einen Metalldetektor und dank diesem einige kleine Nuggets gefunden. Das wollte ich auch. Aber ich hatte noch keinen Metalldetektor, und mit meinem ersparten Geld wollte ich auch ein Auto kaufen. So entschied ich nach drei Wochen, per Autostopp nach Brisbane zu reisen und dort Auto und Metalldetektor zu besorgen.

Peter brachte mich nach Wilcania, wo ich zuerst noch beim Polizeiposten beweisen musste, dass ich Autofahren konnte. Nach fünf Minuten mit Peters altem VW-Bus einmal die Straße rauf und runter war der Outback-Polizist zufrieden und stellte mir die australische Driving Licence aus. Danach stellte ich mich in Wilcania am Murray River an die Straße, um in den Norden nach Brisbane, das 1500 Kilometer entfernt war, mitgenommen zu werden. Am ersten Tag kam ich von dort nicht weg und musste in der Nähe unter einem Baum übernachten. Am anderen Morgen hat mich ein Lastwagenfahrer bis fast nach Brisbane mitgenommen.

Im tropischen Brisbane konnte ich den Metalldetektor und einen australischen Ford Falcon Caravan günstig kaufen. Mit diesem fuhr ich wieder ins Outback in New South Wales nach White Cliffs zurück.

Ich lernte das Leben in den Opal-Minenfeldern kennen und fing an, mit einem Metalldetektor nach Gold zu suchen, so wie Peter es mir beigebracht hatte. Ich fand 36 kleine Goldnuggets, die ich verkaufte, um wieder Benzin für meinen Ford Falcon zu kaufen.»

Phil unterbricht: «War das also dein Plan: Nach Gold und Edelsteinen suchen und reich werden?»

«Natürlich hatte ich naive Vorstellungen, was die Suche nach Gold und Edelsteinen betraf. Die Idee, eine Goldader zu entdecken und reich zu werden, erwies sich rasch als Illusion. Die Australienreise wurde aber zu einem Abenteuer, das meinen Horizont erweitert hat und ist für mich eine wertvolle Erfahrung, die ich nicht missen möchte.

Ich blieb noch drei Monate im Outback, immer in der Hoffnung, doch noch eine größere Menge Edelmetalle zu finden. Ich dehnte die Suche aus, immer mit der linken Hand den Metalldetektor führend, der ein monotones Sirren von sich gab. Dieses Geräusch in meinen Kopfhörern wurde manchmal von einem Ton in einer anderen Frequenz unterbrochen, wenn ich auf etwas Besonderes gestoßen war. Der Ton war wie ein Aufjauchzen und ließ mich nach blaugrünen oder goldenen Klümpchen im roten Sand buddeln. Die Schweißperlen rannen mir ins Gesicht und trockneten nicht, wurden immer mehr, während ich Steine anstupste und mir in den Spinifex-Sträuchern blutige Wunden an den Waden zuzog. Stunden und Tage vergingen, der große Erfolg blieb aus. Das hielt mich nicht davon ab, weiterzumachen, die Suche allein war inspirierend.»

«Zu dieser Zeit gab es noch keine Handys und kein Internet. Hattest du noch Kontakt mit der Schweiz, insbesondere mit Lisa?»

«Einmal pro Woche fuhr ich nach White Cliffs, um Vorräte einzukaufen und schaute dann immer bei der Poststation vorbei, wo ich ein Fach reserviert hatte. Ich schickte Lisa jede Woche einen Brief, und gelegentlich lag ein Brief von ihr in meinem Postfach. Nach drei Monaten kündigte sie an, für ein paar Wochen nach Australien zu kommen. Ich freute mich riesig auf ihren Besuch.

Bevor Lisa mich besuchen kam, wollte ich noch einmal bis an die Grenze von Queensland fahren, wo noch einige unentdeckte Goldfelder vermutet wurden.

Das Auto und alles, was es für die Australien-Rundreise mit Lisa brauchte, war bereit. Aber den Monat bis zu Lisas Ankunft wollte ich nutzen und meine letzte Chance als Goldsucher wahrnehmen. Ich hatte alles mit Peter im Opaldorf in White Cliffs besprochen und bin dann Richtung Grenze New South Wales und Queensland aufgebrochen.

Ich hatte nur die Sachen bei mir, die es zum Überleben, Goldsuchen und Schlafen braucht. Natürlich viel Wasser und ein Fliegennetz. Ohne dieses Fliegennetz über dem Kopf war es in dieser Gegend unmöglich, konzentriert und fokussiert nach Gold zu suchen. Die Fliegen waren dauernd in der Nase, in den Ohren, bei den Augen und wollten irgendwo am Körper ein wenig Feuchtigkeit oder Schweiß aufsaugen.

Gegen Abend, nach vielen Kilometern auf Sandpisten und Dirth Roads, wie sie die Australier nennen, kam ich an einem ausgetrockneten Flussbett und ein paar Eukalyptusbäumen an. Nach den alten Goldsucherkarten begann hier ein großes historisches Goldfeld. Ich sah schon von Weitem die kleinen Sand- und Kieshügel, die von den Goldgräbern vor vierhundert Jahren gemacht wurden, als sie mit primitiven Holz-/Trockenluftgeräten den Staub, die Steine und das Geröll vom Gold trennten. Sie nannten sie Dryblower, weil das Wasser damals zum Überleben benötigt wurde und nicht, um Gold auszuwaschen.

Ich hatte neben dem Eukalyptusbaum und meinem Ford Falcon ein kleines Feuer entfacht, eine Suppe gekocht und eine Wurst grilliert. Beim Essen konnte ich einige Kängurus beobachten, die interessiert zu mir starrten und dann weiterhoppelten. Beim Eindämmern sangen die Vögel ihr Abendlied, und der Lachende Hans, der Kookaburra, lachte fast wie ein Mensch. Sie gehören zur Gattung der Eisvögel und leben nur in Australien, Tasmanien und Neuguinea. Sie werden fast 50 Zentimeter lang, sind braun-grau und haben eine weiße Brust. Kookaburra bedeutet Jägerlist und Lachender Hans.

Als es dunkel wurde, legte ich mich hinten im Ford auf die Matratze. Mit der Taschenlampe studierte ich nochmals die alten Karten.

Am frühen Morgen nach einem Tee und Stück hartem Brot ging ich mit dem Metalldetektor auf den ersten Hügel, um mir einen Überblick von der Landschaft zu verschaffen. Die Sonne war gerade aufgegangen, und ich konnte in die Weite sehen. Ich sah Hunderte gleich aussehende Hügel und kleine Täler, aber auch Stellen, wo die alten Goldgräber gewühlt hatten. Ich wusste, dass in einem solchen Gebiet ein systematisches Vorgehen am meisten Erfolg bringt. So wanderte ich zuerst eine halbe Stunde in einem ausgetrockneten Bachbett, einem Creek. In solchen Creeks wurde nach einem starken Regen Gold heruntergespült, und nachdem dann alles ausgetrocknet war, lachte einen das Nugget direkt an, man brauchte es nur noch aufzulesen. Dieser Idealfall kommt leider nur sehr selten vor. Ein einziges Mal hatte ich einen solch glücklichen Fund gemacht.

Nach einer Stunde verließ ich das Gebiet und stieg auf weitere Hügel, suchte systematisch in andern Creeks und in den Flächen, wo die alten Goldsucher ihre Spuren hinterlassen haben. Es war schon früher Nachmittag, als ich eine Pause einlegte und meinen Lunch mit Wasser einnahm. Ich stieg noch auf einen weiteren Hügel und ging dann langsam Richtung Buschcamp, wo mein Wagen stand. Nach erfolgloser Suche auch an diesem Ort trat ich die Rückwanderung an. Gefühlsmäßig wanderte ich zurück in die Richtung, wo ich hergekommen war.

Nach einer Stunde sah ich noch immer kein Auto, und alles sah gleich aus. Langsam machte ich mir Sorgen. Mir gingen Geschichten durch den Kopf, die ich in einem Buch über die Ureinwohner Australiens gelesen hatte. Die Aborigines waren früher immer zu Fuß unterwegs, sind Hunderte von Kilometern über den Kontinent gewandert und haben sich nie verlaufen. Sie nannten ihre Wege «Traumpfade» und «Song Lines». Für Eingeweihte sind Song Lines unsichtbare labyrinthische Wege, die den ganzen australischen Kontinent durchziehen. Ein Lied war sozusagen eine Karte und eine Art Kompass. Wenn man das Lied kannte, konnte man immer den Weg durch das Land finden. Die Ahnen haben auf den Reisen Noten- und Fußspuren gestreut, sogenannte Traumpfade, eine Art Verkehrsweg zwischen weit auseinanderliegenden Stämmen der Eingeborenen.

Auf einem weiteren Hügel, der etwas höher war als alle anderen, machte ich einen Halt. Ich fragte mich, ob ich mich wirklich verlaufen habe. In welcher Richtung war mein Auto und der Campplatz? Ich bedauerte, dass ich keine Song Line kannte und wurde mir bewusst, dass ich nicht auf einem Traumpfad war. Ich ließ meinen Blick über die unendliche Weite mit den unzähligen Hügeln schweifen und versank in einen meditativen Zustand. In fünf Stunden würde die Sonne untergehen, dann müsste ich in der Wildnis übernachten, wenn ich es nicht rechtzeitig zum Ausgangspunkt schaffen würde. Ich überlegte, dass ich das wohl überleben würde, aber in meiner Flasche war nur noch wenig Wasser übrig.

Weil ich mich schon vor einigen Jahren mit Religionen und Sinnfragen beschäftigt und auch viele Bücher über die Weisheit des Lebens gelesen hatte, kam mir der Begriff «Pilgerreise» ins Gedächtnis. Im frühen Christentum gab es zwei Arten von Pilgerreisen, erinnerte ich mich. Für Gott wandern (ambulare pro Deo), nach dem Vorbild Christis, oder Vater Abrahams, der die Stadt Ur in Babylon verließ und von da an in einem Zelt lebte.

Die andere Art zu pilgern, war eine Pilgerreise als Bestrafung. Dabei wurde denen, die ein schweres Verbrechen (peccata enormia) begangen hatten, auf der Basis festgesetzter Tarife auferlegt, die Rolle des wandernden Bettlers zu übernehmen. Das hieß, mit Hut, Geldbeutel, Stock und Abzeichen auf der Straße zu betteln und sein Heil zu suchen. Dieser Gedanke, dass «Gehen» oder «Wandern» ein begangenes Verbrechen wiedergutmachen würde, geht auf die Wanderungen zurück, die in der Bibel Kain auferlegt wurden, um den Mord an seinem Bruder Abel zu sühnen.

Auf meiner Pilgerreise trifft beides nicht zu, dachte ich. Aber in der Wüste zu sein, bedeutete im Altertum auch, dort den Weg zu Gott zu finden oder zu sich selbst!

Und ich? Ich will meinen Weg zum Auto wiederfinden und nicht hier draußen übernachten oder verdursten, sagte ich mir. Meine innere Stimme riet mir, weiterzuwandern. Das tat ich. Ich nahm einen Schluck Wasser aus der fast leeren Flasche und ging. Ich summte ein Lied und dachte an die Song Lines der Ureinwohner. Die Song Lines waren ihr Kompass und zeigten ihnen den Weg. Es gab kaum einen Felsen, einen Creek, einen Hügel und auch Tiere, die nicht besungen werden konnten oder bereits besungen worden waren. Man musste sich die Song Lines wie Spaghetti vorstellen, die sich hierhin und dorthin schlängelten, wobei jede Episode den geologischen Formen abzulesen war. Unter Episode verstehen die Ureinwohner «heilige Stätte».

Indem die Aborigines die Welt ins Dasein sangen, seien die Ahnen Dichter – in der ursprünglichen Bedeutung des Wortes «Poesis», das Schöpfung besagte – gewesen. Kein «Abo» kann sich vorstellen, dass die erschaffene Welt in irgendeiner Weise unvollkommen wäre. Sein religiöses Leben hat nur das Ziel, das Land so zu erhalten, wie es war und wie es sein sollte. Das erklärt, warum die Eisenbahn- und Straßenbauer sowie die Minengesellschaften ständig im Konflikt mit den Ureinwohnern des Landes sind.

Eine andere Pilgerreise ist jene, die nach Santiago de Compostela ganz im Westen von Nordspanien führt, zu einem Wallfahrtsort mit einem Erzbischofssitz. Dort soll das Grab des Heiligen Jakobus sein. Der Jakobsweg endet dort, und viele Menschen pilgern Hunderte Kilometer durch halb Europa auf der Suche nach Gott, zu sich selbst oder einfach nach dem Sinn des Lebens.

Mit diesen Gedanken wanderte ich bereits eine Stunde, nach jedem Hügel hielt ich wieder Ausschau nach einer Dirth Road, einem Pfad oder einem Eukalyptusbaum, unter dem mein Ford Falcon stehen könnte. Es kam mir vor wie die Suche nach einer heiligen Stätte, wie bei der Episode der Ureinwohner.

Noch einmal nahm ich meine Wasserflasche, es war 37 Grad warm und trocken, ich hatte riesigen Durst. Ich setzte die Flasche an den Mund, und mit dreimal Schlucken war die Flasche leer. Ich runzelte die verschwitzte Stirn und war mit meiner Abenteuerlust am Ende. Ich hatte mich tatsächlich verlaufen und wusste nicht mehr weiter. In welche Richtung sollte ich nun gehen? Ich hatte eine ausgeprägte Fantasie und fing nun an, mir vorzustellen, wie ich – wie bei einer Fata Morgana – am Meer entspannt in einem Liegestuhl sitze und einen kalten Drink in der Hand halte. Aber nach fünf Minuten wanderte ich weiter und summte wieder mein Lieblingslied von John Lennon: *Imagine*!

Die Sonne neigte sich dem Horizont zu, und ich schätzte, dass es bis zum Sunset bestenfalls noch eine Stunde lang hell sein würde. Ich wanderte weiter und blickte immer in die Ferne, aber auch zurück, von wo ich herkam. Mut und Optimismus, die mich immer begleitet hatten, schienen mich verlassen zu wollen. Meine Augen suchten in der Ferne, als ich auf einmal einen kleinen Punkt am Horizont auf einem Hügel sich bewegen sah. Ich lief schneller auf diesen Punkt zu, konnte aber nicht erkennen, was es war.

Mit letzten Kräften fing ich an zu rennen und zu stolpern. Ein Fernglas wäre nun nützlich gewesen. Ich glaubte zu sehen, dass der Punkt sich bewegte. Noch schneller rannte ich schwer atmend in diese Richtung.

Nun war ich nahe genug an diesem Hügel und sah, dass dort eindeutig ein Mensch war. Ich fing an zu rufen, doch der Mensch reagierte nicht. Ich dachte, das könnte ein Goldsucher mit Detektor und Kopfhörern sein, der mich deshalb nicht hören konnte. Ich näherte mich dieser Person auf dem kleinen Hügel, rief, winkte und hüpfte in die Luft, als der Mann sich plötzlich umdrehte, den Kopfhörer abnahm und in meine Richtung schaute. Er winkte und gab mir damit ein Zeichen, dass er mich bemerkt hatte.

Als ich endlich beim Goldsucher ankam, begrüßten wir uns. Ich bemerkte sofort, dass der Mann kein Australier sein konnte. Wir kamen ins Gespräch. Von wo kommst du, hast du Gold gefunden? Der Mann hieß Juri, kam aus Russland und hatte bis jetzt hier in den alten Goldfeldern auch keine Nuggets gefunden. Aber er wusste, wo sein Jeep stand. Ich gestand ihm, dass ich mein Auto nicht mehr finden könne und darum nur ein Ziel vor Augen hatte: ein lebendiges Wesen zu finden, das mir helfen könne. Juri sagte, dass er diese Situation kenne und deshalb in diesem Gebiet hier oben nie außer Sichtweite seines Jeeps gehe. Ich wurde nachdenklich, aber auch dankbar, dass ich irgendeinen Kompass hatte oder eine Song Line, die mich zum rettenden Juri gelenkt hatte.

Juri sagte, dass er seine Suche nun sowieso abbrechen wolle, zurück zu seinem Jeep gehe und dann weiter auf der Holperpiste in die Lodge kurz vor der Grenze zu Queensland. Er zeigte mir in der Ferne unten in einem kleinen Tal seinen Jeep, den er nie aus den Augen lasse, während er auf Goldsuche sei. Wenn er weiter hinter einem anderen Hügel Gold suche, gehe er immer zuerst wieder zum Jeep und fahre an einen Ort, von wo aus er den Blick auf das Fahrzeug habe.

Das war für mich eine Lektion, wie man im Busch die Orientierung nicht verliert und nicht verloren gehen kann, aber auch ein Zeichen, wie im Leben manchmal auch ein Umweg zum Ziel führen kann.

Juri sagte mir, dass er mich mitnehme. Es gebe nur eine Holperpiste, und die werde uns ganz sicher zu meinem Auto führen. So war es dann auch.

Ich war gerettet und dankbar für diese Fügung. In den vergangenen Stunden hatte ich das Gefühl kennengelernt, verloren in der Wildnis ohne Wasser und Orientierung zu sein und zu merken, dass die Situation lebensbedrohlich ist. Ich hätte allein im Nirgendwo sterben können.»

*

Phil ist sichtlich beeindruckt von Beats abenteuerlicher Geschichte. «Ich nehme an, dass du bald danach deine Auswanderungsabsichten geändert hast.»

«Ja, schon nach drei Monaten im Outback wurde mir klar, dass es ein Fehlentscheid wäre, in Australien bleiben zu wollen. Das Australien-Abenteuer erwies sich aber als eine der wertvollsten Erfahrungen in meinem Leben.»

«Das kann ich nachvollziehen. Es hat deinen Horizont erweitert und war später sicher von Vorteil für deine berufliche Laufbahn. Mir ist übrigens aufgefallen, dass du gute Bibelkenntnisse hast und dass du dich offenbar für Religionen interessierst», bemerkt Phil. «Magst du darüber reden, oder ist dir das zu persönlich?»

Phils Frage überrascht Beat, aber er reagiert spontan und offen: «Ja, klar können wir darüber reden. Ich sagte ja, dass ich mich schon als junger Mensch für Religionen interessiert habe, als ich dir von den Pilgerreisen des frühen Christentums erzählte, an die ich mich erinnert habe. Sinnsuche im Leben und die Frage nach dem richtigen Glauben haben mich tatsächlich immer wieder beschäftigt und sind auch heute noch spannende Themen, über die ich gerne diskutiere. Sie sind auch Teil meines Buches, das ich schreibe, und ich würde mich gerne mit dir darüber austauschen.»

«Das freut mich, auch dass du unbefangen deine Ansichten vertrittst, denn jeder Mensch kann und darf selbstverständlich selber bestimmen, woran er glaubt.»

«Zu den Themen Glauben, Kirche und Religion habe ich schon viele Bücher gelesen und meine Gedanken dazu niedergeschrieben. Ich bin gespannt, was du davon hältst.»

Auf Sinnsuche

Die Suche nach dem «richtigen» Glauben war für Beat ein langer Prozess, ein Weg mit etlichen Abzweigungen, von denen sich manche als richtig und andere als nicht übereinstimmend mit seinen Vorstellungen erwiesen. In seinen ältesten Tagebüchern findet Beat viele Einträge aus der Zeit, wo er sich schon als Jugendlicher und junger Erwachsener für Glaubens- und Religionsfragen interessiert hatte.

Die Bekehrung

Als Schüler besuchte Beat die Kinderlehre und die Unterweisung in der evangelisch-reformierten Kirche in Biel und wurde konfirmiert, so wie die meisten Gleichaltrigen, die er kannte. Darüber hinaus waren Kirchen und Religion für ihn als Fünfzehnjährigen keine Themen, die ihn brennend interessierten. Umso erstaunter war er, als ihn eines Tages ein Bekannter seiner Eltern fragte, ob er ihm das Buch *Jesus unser Schicksal* von Wilhelm Busch schenken dürfe.

Beat zögerte kurz, bevor er es dankend annahm. *Wilhelm Busch* war ihm nur als Dichter und Zeichner von *Max und Moritz* bekannt, aber er stellte rasch fest, dass es sich beim Autor des Buches, das er in der Hand hielt, um einen deutschen Theologen gleichen Namens handelte.

Nach dem Lesen des Buches hatte sich Beat, wie vom Verfasser empfohlen, für Jesus entschieden. Gemäß Wilhelm Busch war Jesus der einzige Retter und der einzige, der armen Sündern die Last der Schuld abnehmen konnte. Beat hatte sich bekehrt und im Anschluss die damals populären Zeltevangelisationen besucht. Passiert war dabei vorerst nichts, bis er mit Robert Nydegger, einem führenden Mitglied der örtlichen Freikirche, ins Gespräch kam. Es ging um Fragen des Lebens und was unser Dasein hier auf der Welt für einen Sinn hat.

Mittlerweile war Beat zwar überzeugt, seine Glaubensrichtung gefunden zu haben, aber er war – wie Robert richtig bemerkte – leider kein regelmäßiger Kirchgänger. Deshalb hatte Robert den *neugeborenen* Beat eingeladen, mit ihm die Freie Missionsgemeinde Bern zu besuchen.

Die Freie Missionsgemeinde hatte eine einladende und lockere Art und Weise, ihre Botschaft zu verkünden. Besonders das familiäre Beisammensein gefiel Beat. In der damaligen Zeit war bekannt, dass Freikirchen sogenannte Evangelisationen durchführten. Da wurde genau das verkündet, was in Wilhelm Buschs Buch stand. Am Schluss der Predigt wurden die Besucher, die noch nicht bekehrt und wiedergeboren waren, aufgefordert, sich zu erheben und nach vorne zu kommen. Dort wurde gebetet, und wenn die Angesprochenen mit JA darum gebeten hatten, wurden ihnen die Sünden vergeben, und sie konnten ein neues Leben beginnen. Wenn immer möglich natürlich in der entsprechenden Freikirche.

Beat besuchte in der Folge ab und zu die Freie Missionsgemeinde, ging aber auch ein paarmal zu den evangelischen Taufgesinnten in Diessbach. Dort war nämlich Manfred Baumgartner Mitglied und in der Kirchgemeindeleitung. Nun wurde Beat klar, warum Manfred ihn früher auf Wilhelm Buschs Lehre aufmerksam gemacht hatte. Jeder neugeborene Christ hat den Auftrag, die Botschaft zu verkünden, damit der Angesprochene erkennen kann, dass er ohne Bekehrung ein Sünder ist und nur Jesus ihm diese Sünden vergeben kann. Ohne Bekehrung würde der Sünder verloren sein.

In dieser Zeit trug Beat sich mit dem Gedanken, an der Uni Theologie zu studieren. Er wurde zum Vorstellungsgespräch in Bern eingeladen, und Professor Marti erklärte ihm den langen Weg, den er bis zum Abschluss eines Theologiestudiums gehen müsste. Während des Gesprächs spürte Beat, dass dies nicht wirklich sein Weg sein konnte, und er sagte dem Professor, dass er es sich schließlich anders überlegt habe: Er wolle Betriebswirtschaft studieren, die Welt bereisen und Geld verdienen.

Mein innerer Kompass hat mich davon abgehalten, mich für einen Lebensweg zu entscheiden, für den ich nicht bestimmt war.

In den Jahren 1976 bis 1982 standen für Beat andere als religiöse Fragen im Vordergrund. Wichtigste Ziele waren der Lehrabschluss als Metallbautechniker und anschließend die berufliche Weiterbildung. Dazwischen erfüllte sich Beat einen andern großen Wunsch: Er begann, die Welt zu entdecken. Zusammen mit Lisa reiste er nach Israel, wo sie während vier Monaten in einem Kibbuz arbeiteten.

Seine zweite große Reise dauerte länger. Mit dem One-Way-Ticket für Auswanderer in der Tasche reiste er nach Australien.

Vor seiner Rückkehr in die Schweiz hatte ihn Lisa in Down Under besucht, doch nach einem Jahr Australien begrub Beat seine Auswanderungspläne. Zusammen kehrten sie in die Schweiz zurück und fingen an, ihr Leben neu zu planen: heiraten, arbeiten, Kinder zeugen und ein Haus bauen.

Vorerst wohnten beide bei Lisas Eltern in der Hardern, und Beat entschied, zuerst das Fernstudium mit Samstagsschule zum Betriebswirtschafter zu absolvieren. Das hatte er nach drei Jahren geschafft, noch vor dem Abschluss erhielt er 1985 bei der Metallbau Diethelm in Burgdorf den Job als Kalkulator und Projektleiter.

Beat und Lisa heirateten. Die Hochzeit fand am 16. Juni 1984 in der alten Lysser Kirche statt. Danach zog das Ehepaar nach Burgdorf, wo 1986 und 1987 die beiden Töchter Claudia und Conny geboren wurden.

Nun schien alles gut aufgegleist zu sein – aber war das schon die Erfüllung aller Träume?

Die Sinnfragen, die ihm Jahre zuvor Robert Nydegger gestellt hatte, waren Beat nie ganz aus dem Kopf gegangen.

Wohin gehen wir nach dem Tod?

Beat suchte nach Antworten und las die Bücher von *Elisabeth Kübler Ross*, der damals bekannten Nahtodforscherin und Sterbebegleiterin. Kann es sein, dass nach dem physischen Tod der Geist oder die Seele des Verstorbenen in einer für uns nicht sichtbaren Welt weiterlebt? Er fand darauf keine überzeugende Antwort. Nur Andeutungen, Vermutungen und vage begründete Behauptungen ließen darauf schließen, dass kein Mensch weiß, ob und wie wir in einem Jenseits weiterleben werden. Beat konnte damals nicht wissen, dass er vierzig Jahre später seine eigene Nahtoderfahrung machen würde. «Also lasse ich diese Fragen als nicht beantwortbar stehen und gebe mich damit zufrieden», schrieb Beat in seinen Diary.

Hochzeitsreise nach Indien

Nach ihrer Hochzeit reisten Beat und Lisa 1984 nach Indien. Es war einer ihrer ersten Abstecher in ferne Länder, dem später noch viele andere große Reisen folgen sollten.

Sie flogen mit der Air India nach Mumbai, der pulsierenden Metropole des Bundesstaates Maharashtra, die sie mit ihrer Vielfalt und Energie faszinierte. Die Architektur der viktorianischen Gebäude und die extremen Kontraste zwischen großer Armut und Reichtum beeindruckten sie gleichermaßen.

Beat hatte sich zuvor ein wenig über die Gesellschaftsstruktur der indischen Bevölkerung informiert und wusste daher, dass dieses Land mit seinen 1,4 Milliarden Einwohnern stolz ist auf seine Religionsfreiheit. Die größte Religionsgruppe bilden die Hindus, mit Abstand gefolgt von den Muslimen, Christen, Sikhs und Buddhisten. Die Menschen werden bereits bei der Geburt einer Kaste (Varna) zugeordnet, der sie dann ein Leben lang angehören. Beat hatte gelernt, dass Religionsfreiheit hier bedeutete, dass die Religionsgemeinschaften friedlich nebeneinander leben. Sie darf aber nicht so interpretiert werden, dass jeder nach seinen eigenen Vorstellungen zwischen den Glaubensrichtungen wählen kann.

Den vier Hauptkasten ist je eine Farbe zugeordnet: Weiß für die hoch angesehenen Brahmanen (meist Händler), Rot für Kshatriyas (ursprünglich Krieger), Gelb für Vaishyas (Bauern, Kaufleute), Schwarz für Shudras (Diener und Tagelöhner). Außerhalb dieser Kasten stehen die Unberührbaren, auch Paria genannt. Zunehmend empfinden die «Unberührbaren» ihre Stellung als diskriminierend und betrachten sich als Nachfahren der indischen Ureinwohner.

Beat war sich sicher, dass auch die ärmsten Menschen Indiens, also Abermillionen von Menschen, ihre Wunschträume haben.

Aber haben sie eine reelle Chance, ihre Träume zu verwirklichen?

*

Nach einigen Tagen in Mumbai fuhren sie mit der indischen Eisenbahn nach Goa, einer kleinen Küstenstadt mit einer spannenden Geschichte. Goa war während der Kolonialzeit von den Portugiesen besetzt und beeinflusst worden, was zu einer einzigartigen Mischung aus indischer und europäischer Kultur führte. Beat und Lisa erfuhren, dass Goa in den 1960er-Jahren ein beliebtes Ziel für Aussteiger war, die nach Freiheit, Spiritualität und einem alternativen Lebensstil suchten. Die Strände, die entspannte Atmosphäre und die günstigen Lebenshaltungskosten zogen viele junge Reisende an.

Beat traf in Goa den Schweizer Aussteiger Markus, der auf der Suche nach sich selbst war und dem «Schweizer Bünzlitum», der Engstirnigkeit und Pedanterie, entfliehen wollte. Markus nahm jeweils abends an den legendären Partys teil, bei denen auch Drogen im Spiel sind, und hoffte, dort das Glück zu finden.

Beat begann mit Markus ein Gespräch über den Sinn des Lebens und fragte ihn nach seinem Lebensziel. Markus nahm sich etwas Zeit, darüber nachzudenken, bevor er antwortete. «Mein Lebensziel? Ganz einfach, ich möchte authentisch leben. Mich selber sein, verstehst du, frei von gesellschaftlichen Erwartungen und Konventionen. Das Glück findest du hier nicht in materiellen Dingen, sondern in einem Gefühl der inneren Zufriedenheit.»

Beat erkannte in Markus' Suche nach Selbstfindung und Authentizität Parallelen zu seinen eigenen Reiseerfahrungen. Er teilte mit Markus den Glauben, dass das wahre Glück und der Sinn des Lebens nicht in äußeren Faktoren oder Konventionen zu finden sind, sondern in der individuellen Entdeckung und Entfaltung der eigenen Persönlichkeit und Lebensziele.

*

Von Goa aus begaben sich Beat und Lisa auf eine abenteuerliche Reise per Bus nach Kerala, einem Bundesstaat im Südwesten Indiens. Sie reisten über Land und erlebten die Herausforderungen und Schönheiten der indischen Transportmittel aus erster Hand. Sie fuhren in überfüllten Zügen, in Nachtbussen und in alten Taxis mit knarrendem Getriebe. Die Reise war manchmal beschwerlich, aber sie lernten die Gastfreundschaft der Menschen kennen und schätzen.

In Kerala verbrachten sie zwei Tage auf einem Hausboot, das sie durch die berühmten Backwaters führte. Die Backwaters sind ein Netzwerk aus Lagunen, Seen und Flüssen, das von üppiger Natur und ruhiger Schönheit geprägt ist. Während der Fahrt konnten sie die idyllische Landschaft genießen, vorbeiziehende Dörfer betrachten und die Gelassenheit der Umgebung auf sich wirken lassen.

Beat fand an solchen Orten nicht nur äußere Schönheit, sondern auch innere Ruhe und Gelassenheit. Er praktizierte Achtsamkeit, indem er bewusst im Moment lebte, seine Sinne öffnete und sich auf seine Umgebung konzentrierte. Er beobachtete die Wellen des Ozeans, hörte das Rauschen der Palmenwälder und spürte den sanften Wind auf seiner Haut. In dieser bewussten Wahrnehmung konnte er eine tiefere Verbindung zu sich selbst und zur Welt um sich herum herstellen. Es war ein Ort, an dem er seine Gedanken zur Ruhe kommen lassen und eine innere Balance finden konnte.

In Kerala, dem christlichen Teil Südindiens, kam Beat auf dem Hausboot ins Gespräch mit einem mitreisenden Inder, einem älteren Herrn namens Gupta. Gupta war der Name einer altindischen Dynastie, doch der ältere Mann sagte, er sei Angehöriger der christlichen Religion. Beat nutzte die Gelegenheit und wollte von Gupta hören, wie das Christentum nach Indien kam.

Gupta erklärte, dass viele Christen in Kerala leben, da dieser Teil Indiens früh mit dem Christentum in Berührung gekommen sei. Es werde angenommen, dass das Christentum durch den Apostel Thomas im ersten Jahrhundert nach Indien gebracht wurde. Thomas predigte das Evangelium und gründete Gemeinden entlang der Malabarküste.

Beat fragte Gupta nach dem Unterschied zwischen dem Christentum und der Hindu-Religion.

«Im Hinduismus gibt es eine Vielzahl von Göttern und Göttinnen, während das Christentum an einen einzigen Gott, mit der Trinität von Vater, Sohn und heiligem Geist, glaubt», sagte Gupta und fuhr im Stil eines Gelehrten fort: «Auch die Vorstellung vom Lebensende ist unterschiedlich. Während im Hinduismus das Konzept der Reinkarnation existiert, das den Zweck hat, aus dem Kreislauf der Wiedergeburten auszubrechen und Erlösung zu erlangen, glauben Christen an ein ewiges Leben nach dem Tod, das von ihren Handlungen und dem Glauben an Jesus Christus abhängt.»

Beat hatte zwar keine Vorstellung von einem ewigen Leben nach dem Tod, aber er und Gupta waren sich schließlich einig, dass trotz dieser Unterschiede für beide Religionen das grundlegende Ziel sei, Gutes zu tun und an eine höhere Macht zu glauben, die uns hilft, erfolgreich durchs Leben zu navigieren.

«Wie empfangen wir denn die Botschaften dieser höheren Macht, und wieso wissen wir dann, welchen Weg wir gehen müssen?»

«Wir Menschen haben alle ein universelles Navigationssystem», antwortete Gupta mit Überzegung. «Unabhängig von unserer Kultur und Religion. Wenn du orientierungslos bist, musst du auf deine innere Stimme hören.»

Beat nickte: «Also auf meinen inneren Kompass...»

«Das hast du schön gesagt», lobte Gupta und schaute aus dem Boot auf das riesige Backwater mit seinen Palmenwäldern und Reisfeldern. «Wenn dein Kompass eingeschaltet ist, ist es wie beim GPS: Du weißt immer, wo du bist.»

Kirchgemeinden

Kirchlich waren Beat und Lisa bei der Freien Missionsgemeinde (FMG) Oberburg/Burgdorf engagiert. Mitglied einer Missionsgemeinde wird, wer die Heilige Schrift uneingeschränkt als Glaubensbasis anerkennt, an Jesus Christus als persönlichen Herrn glaubt und sich aktiv am Gemeindeleben beteiligen will. Dabei wird die Erwachsenentaufe als Bekenntnis des Glaubens gelehrt und praktiziert.

Beat wollte vom Pfarrer die Gründe und den Sinn der Erwachsenentaufe erfahren. «Was würde passieren, wenn ich mich als Erwachsener nicht taufen ließe? Als Kind wurde ich ja bereits getauft!»

«Lieber Beat», begann der Pfarrer mit warmer Stimme. «Ich kann dir sagen, dass eine Taufe ein sehr wichtiger und symbolischer Akt in der christlichen Tradition ist. Sie symbolisiert den Eintritt in die Gemeinschaft der Gläubigen und den Beginn eines neuen Lebens im Glauben an Jesus Christus. Wenn du dich entscheidest, dich nicht taufen zu lassen, hat das keine direkten Konsequenzen. Jeder hat das Recht, seine eigenen Entscheidungen in Bezug auf die Taufe zu treffen. Es ist jedoch wichtig zu wissen, dass die Taufe eine Möglichkeit ist, öffentlich zu bekennen, dass man seinen Glauben an Jesus Christus gefunden hat und Teil der Gemeinschaft der Gläubigen ist.»

Für wen ist das wichtig zu wissen, fragte sich Beat. Er fühlte einerseits sein Bedürfnis, einer Glaubensgemeinschaft anzugehören, aber sich noch einmal taufen lassen? «Genügt es nicht, dass ich mich bekehrt habe?»

«Als bekehrter Christ kannst du natürlich weiterhin in der Kirche aktiv sein und deinen Glauben ausleben», sagte der Pfarrer geduldig. «Aber eine Taufe kann auch eine wichtige Möglichkeit sein, deine Entscheidung, dein Leben mit Jesus Christus zu führen, öffentlich zu machen und dein Engagement für den Glauben zu bekräftigen. Es ist wichtig, dass du deine Entscheidung sorgfältig abwägst, und es ist gut, dass du mit andern darüber sprichst. Du kannst dich auch mit einem geistlichen Mentor austauschen, um sicherzustellen, dass du dich dabei wohlfühlst und verstehst, was die Taufe symbolisiert.»

Beat erschien das zu vage. Er wollte Konkreteres erfahren und fragte: «Bin ich dann gerettet, komme einmal ins Paradies und habe ein ewiges Leben, so wie es in der Bibel steht?»

«Lass mich kurz ausholen. In vielen christlichen Kirchen wird die Taufe als ein Sakrament angesehen, das eine Reinigung von Sünde und eine Eingliederung in die christliche Gemeinschaft symbolisiert. Die Taufe allein garantiert jedoch nicht bereits das ewige Leben im Paradies. Christen glauben, dass die Rettung erst durch Gottes Gnade und die Annahme von Jesus Christus als Herrn und Erlöser erreicht wird. Die Taufe ist nicht das einzige Kriterium für die Rettung und das ewige Leben im Paradies.»

«Ja, gut, das verstehe ich. Aber was nützt es mir?»

Die Geduld des Pfarrers schien unerschütterlich zu sein. Ruhig fuhr er fort: «Es ist wichtig zu verstehen, dass die Rettung ein Geschenk Gottes ist, das auf Glauben und Vertrauen in Jesus Christus beruht. Die Taufe ist ein Ausdruck dieses Glaubens und des Wunsches, Jesus zu folgen. Deshalb ist es wichtig, dass man nicht nur getauft wird, sondern auch den Glauben an Jesus Christus annimmt und sein Leben entsprechend ausrichtet. Das bedeutet, dass man nach Gottes Willen lebt, sich bemüht, anderen zu dienen und in der Liebe zu wachsen.»

Beat fiel keine Frage mehr ein: «Gut, also schreiten wir zur Tat und lassen uns im Bielersee taufen!»

Beat und Lisa ließen sich dazu bewegen, sich – wie einst Jesus von Johannes dem Täufer – als Erwachsene taufen zu lassen. Die Zeremonie fand am Bielersee neben dem Landgasthof vom Rütte-Gut zwischen Ipsach und Sutz statt. Es war eine fröhliche Erfahrung. Beat und Lisa waren zwar bereits als Kinder getauft worden, aber die Freikirchen sagen, dass ein Kind sich nicht entscheiden kann, ob es diesen Glauben mit Sünden-Vergebung annehmen will.

Goddards Gesetz der Anziehung

Die freikirchlichen Gebräuche und Rituale hatten für Beat etwas Spirituelles und Esoterisches, wofür er zwar offen war, doch seine Suche nach dem Sinn des Lebens wurde damit nicht beendet, denn eine andere große Frage beschäftigte ihn zunehmend: Wohin will ich?

Woher komme ich, wo bin ich, wo will ich hin?

Beat las von Neville Goddards **Gesetz der Annahme** und war fasziniert. Er wollte sich spirituell weiterentwickeln und nach dem **Gesetz der Freiheit** leben, wie es Goddard manchmal selber auch genannt hatte, oder nach dem **Gesetz der Anziehung**, wie es später Autoren und Autorinnen wie Michael J. Losier, Victoria Lakefield und zahlreiche andere formulierten.

Was Beat besonders beeindruckte, war eine Art Anleitung zum Manifestieren, also eine Vision zu haben und sich vorzustellen, dass man das, was man erreichen möchte, bereits erreicht habe. Man müsse an sich selber glauben und davon überzeugt sein, dass man das manifestierte Ziel erreicht, wenn man täglich ein paar Minuten meditiert und sich vorstellt, wie es sich anfühlen würde, zu wissen, dass man schon erreicht hat, was man sich zum Ziel gesetzt hat.

Das tönt so einfach und kann natürlich nicht so simpel sein, dachte Beat, aber seine Neugier war geweckt, und er beschloss, sich intensiver mit dem Gesetz der Anziehung zu beschäftigen.

Neville Goddard starb am 1. Oktober 1972 in Los Angeles, seine Bücher fanden weltweit Millionen Leser.

Neville Goddard

In seiner Arbeit setzt er sich mit der menschlichen Vorstellungskraft auseinander und damit, was diese bewirken kann. Er nimmt dafür die Bibel als Beispiel und erklärt anhand der Bibelgeschichten, was diese im übertragenen Sinne bedeuten. Er sagte immer, dass die Geschichten der Bibel nicht wörtlich zu verstehen sind, sondern immer eine symbolische Darstellung einer Weisheit bedeuten. Er rief bei seinen Vorträgen immer dazu auf, seine Arbeit zu widerlegen und selber zu überprüfen, ob das, was er berichtete, wahr sein könne. Er verlangte von seinen Schülern keinen blinden Gehorsam und Glauben, sondern forderte sie dazu auf, seine Behauptungen zu widerlegen. Denn erst durch das eigene Anwenden würde man die Wahrheit erkennen. https://marjorie-wiki.de/wiki/Neville_Goddard

Für Beat waren Goddards Theorien eine Offenbarung, besonders in Bezug zu seinen eigenen bisher gemachten Erfahrungen im Umgang mit Glauben, Religion und den – je nach Kirche – unterschiedlichen Ansichten, wie man sich Gottes Gnade verdient. Laut Goddard gibt es nur einen Meister, trotz aller Götter in manchen Religionen, und dieser Meister ist Gott in mir, in mir SELBST.

Dieser Satz öffnete Beat Türen, die er bisher gar nicht gesehen hatte. Himmelreich und Paradies warten nicht irgendwo auf uns, sondern es ist alles in uns angelegt und wartet darauf, entdeckt zu werden.

Gott ist nicht irgendwo zu finden, weder über den Wolken noch als unsichtbare Gestalt auf Erden, um über jedes einzelne Schicksal zu bestimmen.

Religiöse Missionare binden Menschen an sich und ihre Glaubensgemeinde; sie interpretieren und bestimmen die Verhaltensregeln und Rituale, wie man um Vergebung bittet, um sich von der Sündenlast befreien zu können.

Beat war nicht mehr überzeugtes Mitglied der Freikirchen und trat nach langem Ringen mit sich aus der Missionsgemeinschaft aus. Er tat dies mit gemischten Gefühlen, denn er wusste, dass religiöse Institutionen, unabhängig von ihrer Glaubensrichtung, vielen Menschen bieten, wonach sie suchen: Halt und Trost.

Neue Aufgaben

Ende der 80er-Jahre war für Beat die Zeit der beruflichen und örtlichen Veränderungen. Er arbeitete als Leiter im Verkaufsinnendienst und später als Verantwortlicher für strategische Planung bei Ascom, bevor er 1990 eine Stelle als Product & Service Manager in der Generaldirektion der PTT in Bern annahm.

Er und Lisa fanden ein Haus in Bargen, in das sie mit den Kindern einzogen. Bargen bei Aarberg war für ihn der ideale Ort. Wegen den drei Kindern – in der Zwischenzeit war auch Sohn Flavio geboren worden – wollte Beat nicht in einer Stadt leben, sondern auf dem Land und trotzdem nahe an den Infrastrukturen.

Kaum heimisch geworden, wurde Beat von der evangelisch-reformierten Kirche angefragt, ob er sich direkt zum Präsidenten wählen lassen würde. Diese Berufung hat Beat nach längerem Überlegen auf seinem spirituellen Weg angenommen und das Amt zehn Jahre mit Freude und neuen Ideen zusammen mit Pfarrer Johnson Eliezer ausgeführt. Als Präsident hat Beat großen Wert auf die regionale Zusammenarbeit mit den umliegenden Gemeinden Aarberg, Kallnach, Kappelen und Lyss gelegt. Johnson war mit Begeisterung und seinen brillanten Botschaften mit Musik, die er selber als Sänger und Gitarrist einbrachte, mit ganzem Herzen dabei.

Johnson ist als Pensionär im September 2023 wieder aktiv geworden und unterstützt seither im Teilzeitpensum die Kirche Kallnach. Beat besucht ihn dort gelegentlich.

Vertrauen auf: SICH SELBST

Beats innerer Kompass führte ihn auf den Weg zum Erfolg. Sein Werdegang von der Schule, der Lehre, den Reisen, Weiterbildung, Berufskarriere, Freizeit und Familie wurde unbewusst und bewusst auf der Basis seiner optimistischen Geisteshaltung gestaltet.

Manche Türen öffneten sich wie von selbst, nicht einfach zufällig, sondern weil Beat seine Wünsche manifestieren und diese sich nach dem Gesetz der Anziehung erfüllt haben. Im Laufe seiner beruflichen Karriere von 1990 bis zu seinem Ausstieg aus dem Berufsleben 2022 musste er keine Bewerbungsschreiben mehr verschicken. Die Stellen als Verkaufsdirektor bei Unisource, später als Leiter des Key Account Managements und schließlich als Director Sales & Marketing für die größten Kunden der Swisscom wurden ihm angeboten.

Beats Kompass sagte ihm, dass er sich auf dem richtigen Weg befinde. Er entwickelte mit den Jahren seine eigene Methode, mit sich und der Welt ins Reine zu kommen. Ihm wurde bewusst, dass die Schöpfung, also der ganze Kosmos und alles Irdische, ein Teil von Gott ist. Gott ist in jedem von uns, folgerte er daraus, und diese Lehre vertraten auch die Pantheisten. Es beglückte ihn und bestärkte seinen Glauben, als er in der Literatur Hinweise darauf fand, dass auch der konfessionslose Albert Einstein dem pantheistischen Denken nahestand.

Das Dankbarkeits- und Erfolgsjournal

«Du hast nach meiner religiösen Einstellung gefragt, und du siehst, ich habe es mir nicht leicht gemacht, diese Frage zu beantworten», sagt Beat. Sie sitzen in der Cafeteria, die sie zum Treffpunkt ihrer regelmäßigen Sitzungen gemacht haben, und er sieht, wie Phil seine Lesebrille absetzt und sich ihm zuwendet.

«Nein, du hast es dir nicht einfach gemacht», bestätigt der Neurologe. «Du bist einen langen Weg gegangen, hast dich nach freikirchlichen Ritualen bekehrt und als Erwachsener wieder taufen lassen, bist später aber aus der Freikirche ausgetreten, nachdem du Goddards Theorien gelesen hast, und hast schließlich Gott in dir selbst gefunden. Interpretiere ich das alles richtig?»

«Kurz zusammengefasst stimmt das. Seither lebe ich im Gefühl der Harmonie, und dafür bin ich dankbar. Ich blieb übrigens nach dem Austritt aus der Freikirche immer noch Mitglied einer andern kirchlichen Gemeinschaft, der Evangelisch-reformierten Kirche in meiner Region, und bin eine zeitlang sogar deren Präsident gewesen. Noch heute besuche ich gelegentlich die sonntäglichen Predigten in Kallnach und Bargen. Für mich ist das nicht widersprüchlich, auch wenn ich eine andere Vorstellung von Gottesglauben habe als die Mehrheit der Kirchengänger.»

«Und von denen gibt es immer weniger», bemerkt Phil nachdenklich. «Mittlerweile ist etwa ein Drittel der Schweizer Bevölkerung als konfessionslos registriert, und die Landeskirchen leiden unter massivem Mitgliederschwund. Wie empfindest du diese Entwicklung?»

Beat ist sich dieser Entwicklung bewusst und hat Erklärungen dafür: «Lange haben die Kirchen vorgegeben, wie Menschen zu leben haben, doch jetzt sind sie ein Auslaufmodell. Sie haben viel Vertrauen verspielt und sind nicht mehr Eckpfeiler unseres Systems. Das hat viele Gründe, und es treten auch Menschen aus der Kirche aus, die religiös sind.»

«Du hast ja in Goddards Theorien einen veritablen Religionsersatz gefunden. Betest du auch? Entschuldige, das ist wieder indiskret, aber es interessiert mich, weil du Gott ja nicht irgendwo im Himmel vermutest, sondern in dir selber spürst. An wen würdest du dich also wenden, wenn du beten möchtest?»

Eine gute Frage, findet Beat. Aber sie bringt ihn nicht aus der Fassung, er ist sogar froh um Phils ehrliches Interesse an ihm und seinem Glauben. «Es ist nur logisch, dass du eine solche Frage stellst, denn es wäre in meinem Fall ein Widerspruch, wenn ich einen unsichtbaren Gott im Himmel um Hilfe und Unterstützung bitten würde. ‹Hilf dir selbst, dann hilft dir Gott› ist ein abgedroschenes Sprichwort, aber es hat einen wahren Kern.

Gott ist nicht nur in mir, sondern in jedem von uns.

Wir alle haben unsere Seele, unseren Kompass, unser Gewissen und unser Bewusstsein darüber, was sich richtig und gut anfühlt und was böse oder schädlich ist. Ich bete nicht, sondern empfange in meditativen Momenten göttliche Energie in mir, und dafür bin ich dankbar.»

So intensiv hat Beat schon eine ganze Weile nicht mehr diskutiert. Phil ist darüber sichtlich erfreut und knüpft an Beats Aussage an: «Dankbar? Wem dankst du dann?»

«Ich schreibe wenn möglich täglich in meinem Dankbarkeits- und Erfolgsjournal. Das hat mir beispielsweise geholfen, mich mit positiven Gedanken auf meine letzte Operation vorzubereiten, an der mir Bypässe am Herz eingebaut wurden. Dieses Ritual pflege ich nicht erst, seit ich in dieser Klinik bin, sondern schon seit mehreren Jahren. Ich verbinde das oft mit Meditation und nehme mir dafür die nötige Zeit.»

Fitness und Sport

Phil und Beat sitzen sich im 15. Stock des Inselspitals im Café gegenüber, wo sie einen herrlichen Ausblick auf die Stadt und in die Weite, auf den Gurten und die Alpen haben. Ein wenig erinnert die Szenerie Beat an das Buch von Strelecky: *Das Café am Rande der Welt*.

«Ich muss sagen, dass mich der Weg beeindruckt, den du gegangen bist», bemerkt der Wissenschaftler. «Familie, berufliche Laufbahn, große Reisen, Weiterbildung, und daneben hattest du immer Zeit für sportliche Aktivitäten. Wie hast du das alles unter einen Hut gebracht?»

Schwimmen, Radrennen und Marathonstrecken

«Du hast recht», lacht Beat. «Sport war für mich immer wichtig, schon als Ausgleich zum Schulalltag, später während der Lehre und des Berufslebens. Der Sport hat meinen Körper gestärkt und mentale Kraft in mir erzeugt. Ich bin Radrennen gefahren und war gut darin. Das war auch gut für mein Selbstbewusstsein und das Selbstwertgefühl. Bei sportlichen Anlässen fühlte ich mich losgelöst. Da war kein Raum für Gedanken über Fragen, woher ich komme, warum ich hier bin und wohin ich gehen will.»

«Diese Fragen zeitweise ausblenden zu können, war also wichtig für dich?»

«Diese Fragen sind zwar wichtig und musst du dir stellen, dir aber nicht dauernd wie ein Mantra durch den Kopf gehen lassen.»

«Ich verstehe», nickt Phil. «Hattest du denn bestimmte sportliche Ziele? Wolltest du als Sportler berühmt werden?»

«Nein, keine Medaillen und kein Spitzensport. Familie und Beruf standen für mich immer an erster Stelle. Aber es hat Spaß gemacht, lange Strecken zu schwimmen, an Radrennen und Marathons mitzumachen, den Lauf Murten–Fribourg, den Brienzersee- und den Greifenseelauf zu bestreiten und nach dem Hundertkilometerlauf von Biel am Ziel anzukommen.»

«Dann bist du ja, im Gegensatz zu mir, eine richtige Sportskanone», meint Phil anerkennend.

«Nun ja», sagt Beat verlegen. «Sportlich fit zu sein, gibt dir ein gutes Gefühl, es hilft dir, Herausforderungen anzunehmen. Als ich etwa Mitte dreißig war, entdeckte ich meine Faszination für Motorradrennen. Der Motorradsport war für mich eine neue Herausforderung.»

«Wie? Du warst an Töffrennen dabei?», fragt Phil erstaunt.

«Ja, das war eine spannende Zeit. Am 5. November 2021 hatte das *Bieler Tagblatt* auf der Frontseite ein Foto von Weltmeister Dominique Aegerter und mir platziert und im Sportteil unter der Schlagzeile «Benzin im Blut» ausführlich über uns berichtet. Ich habe übrigens alles schriftlich festgehalten, wie es dazu kam, dass ich live die Rennen des Moto GP verfolgen durfte», sagt Beat grinsend.

Motorradsport

Den Ausweis für Motorräder mit 125 ccm hatte Beat schon. Der Wechsel auf die starken Bikes war deshalb nur Formsache. Er war Mitte dreißig, als er eine gebrauchte Touren-Yamaha mit 1200 ccm Hubraum kaufte und mit ihr an die Prüfung ging. Danach konnte er sich den Eintrag für die großen Maschinen stempeln lassen.

Lisa war wenig erfreut, dass er nun oft am frühen Samstagmorgen via Chasseral im Jura und dem Doubs entlang herumkurvte. Bald wurde auch der französische Jura sein Zielgebiet für Tagestouren. In Goumois, Saint Ursanne oder La Chaux-de-Fonds wurde die Grenze nach Frankreich passiert. Es hat Beat großen Spaß gemacht, auf dem französischen Asphalt zu kurven. Irgendwie war der Belag griffiger und leicht orange gefärbt. Wichtig war, dass es um diese Zeit in der abgelegenen Juragegend nur wenig Straßenverkehr gab. In einem bei Motorradfahrern beliebten traditionellen Restaurant im kleinen französischen Dorf Saint Hippolyte traf er immer auf andere Motorradfreaks, die in der Gartenwirtschaft *café et croissants* genossen und die Kurvenerlebnisse und die wundervolle Topografie im Jura lobten. An den Nummernschildern der geparkten Motorräder – BE, AG, JU, BS, SO, NE und sogar ZH – erkannte man, dass hier jeweils viele Schweizer eine Pause einlegten.

Bald war Beat die Occasion-Maschine zu wenig agil. Sie war in den Kurven und bei der Beschleunigung zu schwerfällig. Deshalb tauschte er seine Maschine beim *Moto Sport Möri* gegen eine agile Yamaha Fazer mit etwas weniger PS und Hubraum ein. Mit dieser hatte er hin und wieder seine älteste Tochter Claudia auf dem Sozius mitgenommen.

Mehr und mehr hatte ihn die Faszination des Fahrens gepackt. Flieh- und Gravitationskräfte, das völlige Aufgehen in der Fahrdynamik mit den unsichtbaren Energien, verbunden mit einem hohen und wunschlosen Wohlbefinden im Hier und Jetzt begeisterten ihn.

Weil er Neues dazulernen wollte, meldete er sich an ein zweitägiges Training im Elsass auf der Rennstrecke in Anneau du Rhin an. Dort angekommen, wurden die Teilnehmer zuerst theoretisch auf die Strecke vorbereitet. Vorausschauendes Fahren war angesagt. Damit war nicht gemeint, dass man starr vorausschauen, sondern «die Straße lesen» sollte. Nach der Theorie ging es auf die Strecke, und die Flieh- und Kreiselkräfte sowie die Schräglagen konnten auf zwei Rädern getestet werden. Einige stürzten, weil sie zu schnell unterwegs waren. Beat war vorsichtiger und ließ Schnellfahrer, die unbedingt ans Limit gehen wollten, passieren.

Der Kurs hatte in Beat den Wunsch nach einem schnelleren Motorrad geweckt, das besser als seine Tourenmaschine auf eine Rennstrecke passt. Mitte der 90er-Jahre waren Motorräder im Trend, die so viel Pferdestärken hatten wie Kilos. Das Unternehmen Yamaha machte das zu seinem Werbeslogan für die neue R1: 180 PS und 180 kg leicht. Das war die Maschine, die im GP-Zirkus von Valentino Rossi gefahren wurde. Er hat mit der R1 fast jedes Rennen gewonnen.

Interessiert hatte Beat in der Folge das Moto-GP-Renngeschehen verfolgt, am Fernseher und auch direkt auf den internationalen Rennstrecken in Italien, Portugal, Frankreich und Deutschland. Zu dieser Zeit war bei Swisscom die Internetfirma Blue Window gegründet worden, und der Werbeträger Tom Lüthi wurde von Blue Window gesponsert. Ein Forschungsingenieur, den Beat kannte, war damals in Tom Lüthis Team für die Technik zuständig. So bekam Beat Zugang zu sogenannten Paddock-Tickets und konnte das Geschehen in der Box bei Tom Lüthi und auf der Rennstrecke live miterleben.

Danach kaufte er, beeinflusst vom Yamaha-Werbeslogan, bei seinem Moto Center in Aarberg eine R1. Auf dieser saß Beat mehr liegend als sitzend. Dieses Gefühl von Einssein mit einem Transportmittel hatte auch schon König Karl V. bezüglich der Reitkunst mit einem Pferd interessiert, manchmal fast mehr noch als die Staatsgeschäfte. Karl fragte sich, ob das Pferd ein Teil des Reiters sei oder der Reiter ein Teil des Pferdes.

Beat meldete sich zu einem Fahrtraining auf der Rennstrecke in Dijon an. Yamaha Schweiz war Organisator dieses Events und hatte die Strecke für zwei Tage gemietet und ein Team von Mechanikern und Trainern dabei. Für dieses Training war vorgesehen, dass die Motorräder ein wenig angepasst werden mussten. So wurden die Blinker abmontiert und die Reifen gewechselt. Das wurde vor dem Training in den Boxen bei der Rennstrecke gemacht. Slicks wurden montiert, Reifen ohne Profil und Rillen.

Nach dem Einchecken im Hotel spazierte Beat in der Altstadt Dijons bei romanisch-gotischen Kathedralen vorbei und fand ein Restaurant, wo bereits mehrere Schweizer beim Apéro waren, die am Training am nächsten Tag auf der Rennstrecke auch dabei sein wollten. Die Gespräche drehten sich überwiegend ums Motorradfahren und die Fahrdynamik mit Schräglagen, aber auch Dijons Paläste, Kirchen und Türme waren ein Thema. Vor allem die Eule in der denkmalgeschützten Zone auf der Place Darcy erregte bei den Schweizer Motorradfans Interesse. Der Legende nach erfüllt diese Eule die Wünsche des Menschen, wenn sie von ihm mit der linken Hand gestreichelt wird.

Die Faszination für magische Kräfte....

Nach dem Nachtessen ging jeder frühzeitig in sein Hotel. Jeder wollte ja am nächsten Morgen ausgeruht sein und einen klaren Kopf haben. Ziel des Trainings war, die Limiten des Fahrens kennenzulernen, ohne lebensgefährliche Risiken einzugehen.

Ausgeschlafen fuhr Beat gleich nach dem Frühstück mit seiner R1 zur Rennstrecke etwa fünfzehn Kilometer außerhalb Dijons. Die Rennstrecke Dijon-Prenois ist fahrerisch anspruchsvoll und sehr hügelig. In Fachkreisen wird sie die kleine grüne Hölle genannt. Markante Streckenteile sind die etwa 1,2 Kilometer lange Start/Ziel-Gerade und die *Parabolique*, eine enge Rechtskurve, die in ihrem Verlauf eine enorme Steigung aufweist. Die Streckenlänge ist 3,8 Kilometer. Die Dijon-Prenois ist eine Naturstrecke wie der Nürburgring und gehört zu den interessantesten Rennstrecken nahe der Schweiz. Nach einer Stunde Theorie über Strecke, Fahrtechnik und Material konnte Beat mit einer kleinen Gruppe auf eine langsame Besichtigungsfahrt.

Gegen Mittag waren alle bereit, nach Anleitung der Trainer selber und frei zu fahren. Beat genoss die Kurven und vor allem auch die 1,2 Kilometer lange Zielgerade. Da konnte er seine R1 einmal ohne Limiten auf die Höchstgeschwindigkeit von 230 km/h drehen. Vor diesem Tempo direkt im Wind und in der Natur hatte Beat großen Respekt. Er konnte dabei nicht in den Flowzustand gelangen. Diese Geschwindigkeit erforderte unglaublich viel Konzentration. Es war anstrengend und eigentlich kein Vergnügen. Beat sagten die Kurven mit Schräglagen mehr zu, die mit 80 bis 100 km/h gefahren wurden. Die lange Zielgerade fuhr Beat dann meistens mit nur 150 bis 160 km/h, denn er musste kein Rennen gewinnen.

Am Nachmittag gab es zuerst eine weitere Theorie-Session, bevor man auf die letzten Runden ging. Wie am Vormittag fuhr Beat auf der Zielgeraden sein Tempo, andere überholten ihn. Was ihm egal war. Es war kein Rennen, obwohl die Rundenzeiten gemessen wurden. Der Streckenrekord wurde 2015 von Formel 1-Fahrer Alain Prost aufgestellt. Er fuhr mit einer Durchschnittsgeschwindigkeit von 215 km/h.

Beat neigte seine R1 in der Zielkurve bei etwa 80 km/h und fuhr Richtung Zielstrich mit etwa 170 km/h, als plötzlich ein Fahrer hinter ihm in seinen Töff knallte. Es ist eine Gewohnheit der Rennfahrer und leider auch der Laien, auf der Strecke möglichst nahe an das Hinterrad des vorderen Fahrers aufzuschließen. Beat und der hintere Fahrer stürzten auf der Zielgeraden. Die Nothilfe war schnell vor Ort, versorgte die beiden und fuhr sie mit der Ambulanz ins Spital in Dijon. Bei Beat wurden Rippenbrüche festgestellt und natürlich Prellungen. Zwei Tage später wurde er ins Spital Aarberg überführt, wo er während einer Woche auskuriert wurde. Die R1 war schrottreif, und die Motorradzeit für Beat bis auf Weiteres beendet.

Bootsfahrten

Auf Beats gelegentlichen Ausflügen zum nahen Bielersee erinnert er sich immer an einen bestimmten Tag in seiner Kindheit und sieht sich mit seinem Vater auf einem kleinen Fischerboot, das im Zihl-Kanal angelegt war.

An einem frühen Morgen im Sommer 1967 fuhren sie mit dem Boot bis vor die Mündung des Aarekanals, wo schon einige Fischerboote waren. Dort warteten sie darauf, dass Fische anbissen. Vor allem der Raubfisch Egli war begehrt, in den Schweizer Seen der meistgefangene Fisch. Die Sonne ging an diesem Junimorgen schon um sechs Uhr auf, doch es war bereits warm, man erwartete einen Hitzetag, und der Vater wollte deshalb am Mittag schon zurück im Hafen sein. Beat war erst acht Jahre alt und durfte mit einer kleinen Rute auch angeln.

Bald bissen die Eglis an, und nach vierzig Minuten hatten sie schon ein Dutzend gefangen, als die ersten Vergnügungsboote an ihnen vorbeirauschten und mit ihren starken Motoren rasch beschleunigten. Beat staunte, wie die schönen Boote langsam in die Gleitphase kamen und Richtung Petersinsel brausten. Er fragte seinen Vater, warum er sich nicht auch so ein Boot kaufe. «Dann könnten wir nach dem Angeln noch Wasserski fahren, oder du könntest mich auf einem Schlauchboot nachziehen!»

Der Vater schaute ihn wenig verständnisvoll an. «Was hast du bloß für Vorstellungen? Bist du nicht zufrieden mit meinem Boot? Diese Vergnügungsboote kosten eine Menge Geld, pro Stunde verbrauchen die dreißig Liter Benzin. So etwas kommt für mich überhaupt nicht infrage!»

Beats erster Wunschtraum. Er hat ihn nie vergessen.

Beat schwieg und stellte sich vor, wie es wäre, wenn er in einem solchen Boot mit Polstersitzen unterwegs wäre. Er ließ seine Fantasie spielen und vergaß einen Moment lang das Angeln. Er sagte zu sich selber, dass er, wenn er einmal erwachsen sei und viel verdiene, sich ein solches Boot kaufen werde. Mit mehr als zwanzig Fischen im Boot kehrten sie zurück zum Anlegeplatz. Beat war noch am Träumen...

*

Fünfundzwanzig Jahre später bestand Beat die Bootsprüfung auf dem Bielersee und besaß die finanziellen Mittel, sich ein solches Boot leisten zu können. Er kaufte von der Herzog-Werft in Alpnach bei Luzern einen Bayliner. Drei Jahre später tauschte er ihn gegen eine neue Larson ein, einen Bow Rider. Auf dieses Boot – auf dem seine ganze Familie mit Lisa und den drei Kindern Claudia, Conny und Flavio genügend Platz hatten – und den Bootsplatz im Barkenhafen Nidau war er stolz. Ein lang gehegter Wunsch ging in Erfüllung. Für Beat war es ein weiterer Beweis, dass Träume wahr werden können.

Die Verantwortung des Kapitäns

Wenn an Wochenenden schönes Wetter war, hatten sie Ausflüge auf dem See geplant. Mit Wasserski und Wakeboards fuhren sie dann jeweils Richtung Petersinsel. So waren sie auch an einem Sonntag im Juli, an dem es laut Wettervorhersage heiß werden würde und man mit lokalen Gewittern rechnen müsse, unterwegs. Das befreundete Ehepaar Jakob und Salome war mit dabei. Am frühen Nachmittag zog vor der Insel von Westen her ein Gewitter auf. Beat wusste, dass am Bielersee das Wetter rasch umschlagen kann, besonders wenn der Joran aufkam, ein schwer vorhersehbarer Fallwind, der sich am Jurasüdfuß manchmal zu einem orkanartigen Sturm entwickelt.

Sie entschieden, mit dem Boot zum Hotel-Restaurant Rousseau zu gleiten, um dort eine Pause einzulegen und das Gewitter vorüberziehen zu lassen. Der Name des Restaurants erinnert Beat immer an Jean-Jacques Rousseau, den Philosophen und Vordenker der Aufklärung, der 1765 während zweier Monate auf der gegenüberliegenden Petersinsel gewohnt hatte. Vom Geschichtsunterricht her ist ihm Rousseau als einer der Wegbereiter der Französischen Revolution und als Verfechter der Bewegung «Zurück zur Natur» in der Erinnerung haften geblieben. Für Rousseau sind die zwei Monate am Bielersee die glücklichste Zeit in seinem Leben gewesen – zumindest schrieb der Philosoph das Jahre später im Buch «Bekenntnisse und Träumereien».

Der See war noch spiegelglatt, aber man konnte sehen, dass sich von Neuenburg her etwas zusammenbraute.

Das Boot glitt mit 60 km/h mühelos über den See. Beat fragte sich, ob das Wetter es nach der Pause erlauben würde, die 25 Kilometer sicher zum Barkenhafen zurücklegen zu können. Bei hohen Wellen könnte das eine mühsame Rückfahrt werden…

Er besann sich, dass er als Kapitän die Verantwortung trug. Bei der Anlegestelle vor dem Hotel Rousseau befestigte er das Boot. Sie gingen auf die Sonnenterrasse und bestellten Getränke und für jeden ein Eis. Jakob war nicht oft auf dem See und fragte Beat, wie er die Situation einschätze. «Im schlimmsten Fall könnten wir hier im Hotel übernachten und morgen zurückkehren. Das wäre kein Problem», sagte Jakob mit einem Grinsen im Gesicht.

Beat war noch unentschlossen: «Wir beobachten das Wetter und entscheiden dann. Ihr müsst einfach wissen, dass wir nur langsam vorankommen, wenn das Wasser turbulent ist, und wir werden viel mehr Zeit brauchen, den Hafen zu erreichen. Es könnte mehr als eine Stunde dauern und eine wilde Fahrt werden. Sollte es noch dichte Wolken und schlechte Sicht geben, würde ich einen Kompass benötigen. Hat dieses Boot aber nicht.»

In den 90er-Jahren gab es noch keine Smartphones, ohne die heute kaum noch jemand das Haus verlässt, Navigations- und Kompass-Apps konnte man sich damals nicht vorstellen.

Beat wurde nachdenklich und schien unsicher zu sein, wie er entscheiden sollte. Doch Jakob und Salome beruhigten ihn und sagten, dass sie ihm vertrauten und dass sie sich sicher seien, dass er die richtige Entscheidung treffen würde.

Nach einer halben Stunde sahen sie, dass draußen auf dem See sich das Wetter tatsächlich beruhigt hatte. Die orangefarbenen Blinklichter am Seeufer sendeten immer noch Warnsignale, aber die würden wohl gleich abgestellt, denn der Sturm hatte sich gelegt. Beat überprüfte noch einmal das Boot, bevor er beschloss, zurückzufahren. Sie stiegen ein, und Beat startete den Motor. Er gab wenig Gas, während er das Boot behutsam durch das ruhige Gewässer steuerte. Doch unvermittelt kam erneut heftiger Wind auf, und der Bow Rider fing an zu schwanken. Beat hatte größte Schwierigkeiten, ihn unter Kontrolle zu halten. Die Wellen wurden höher, das Boot taumelte. Alle versuchten, sich am Bootsrand festzuhalten, während Beat sich verzweifelt bemühte, das Boot auf Kurs zu halten.

Die Situation wurde noch bedrohlicher, als ein Blitz in unmittelbarer Nähe einschlug. Eine riesige Welle, wie sie Beat auf dem sonst so harmlosen See noch nie gesehen hatte, erfasste das Boot und brachte es fast zum Kentern. Beat erschrak, als auf einmal drei Dinge fast gleichzeitig geschahen: ein greller Blitz, ein lauter Knall, dann fiel der Motor aus. Das Boot war den Wellen ausgeliefert wie eine Nussschale und drohte jeden Moment zu kentern.

Beat wusste, dass sie schnell handeln mussten. Er griff nach dem Notfallpaket, das er immer an Bord hatte, und begann, den Schaden zu reparieren. Jakob und Salome halfen ihm dabei, und schließlich schaffte es Beat, den Motor wieder in Gang zu bringen. Sie fuhren langsam, während sie den aufgewühlten See überquerten.

Als sie endlich im Hafen ankamen, waren alle erleichtert und dankbar, dass sie heil zurückgekehrt waren.

Auf dem Weg nach Hause sagte Lisa, dass ihr auf dem stürmischen See ein interessanter Gedanke durch den Kopf gegangen war. «Du hast recht gehabt. Du hast vorausgesagt, dass die Fahrt zurück in den Hafen lang und gefährlich werden könnte, falls der Sturm noch einmal heftig aufkommen sollte. Trotzdem haben wir es riskiert, und es wurde gefährlich. Da habe ich mir vorgestellt, dass wir uns im Leben oft in solch einer Situation befinden. Wir könnten es uns gemütlich machen und eine schwierige und vielleicht unangenehme Aufgabe auf später verschieben. Aber wir waren bereit, und ich möchte die Erfahrung, die wir in den letzten Stunden gemacht haben, nicht missen.»

«Ich bin froh, dass du so positiv denkst», antwortete Beat erfreut. «Ich hätte mir schwere Vorwürfe gemacht, wenn uns etwas zugestoßen wäre. Nun kann ich nur dankbar und froh sein, dass wir es geschafft haben und wir zusammenhalten, wenn wir einander brauchen.»

«Stimmt», sagte Lisa. «Wir saßen ja schließlich buchstäblich im gleichen Boot.»

Beat war erleichtert, dass er in der Lage war, seine Familie und Freunde sicher durch den Sturm zu führen. Und er dachte daran, wie er als kleiner Junge mit seinem Vater zum Fischen auf den See hinausgefahren war. Er hatte seinen Traum vom eigenen Boot nie vergessen und schließlich wahrgemacht. Zugegeben, dachte er, so ein Boot ist für viele Menschen ein Luxus, den sie sich nicht leisten können. Und manche, die das Geld für eine solche Anschaffung hätten, haben nicht den Wunsch, es für ein spritfressendes Vergnügungsboot auszugeben.

Was für mich die Erfüllung eines Bubentraums war, sieht mein Sohn Flavio möglicherweise völlig anders. Beat nahm sich vor, beim nächsten passenden Moment mit seinen Kindern über ihre Träume und Wünsche zu reden.

Schließlich hat jeder Mensch seine eigenen Träume...

Die Wünsche der drei Kinder

Die Gelegenheit, mit seinen Kindern über ihre größten Wünsche zu reden, ergab sich schon bald.

Beat hat den Töchtern Claudia und Conny zur Konfirmation versprochen, dass jede sich etwas Einmaliges wünschen dürfe. Lisa und er würden dann schauen, was sie tun könnten, um ihnen die Erfüllung dieser Wünsche zu erleichtern. «Aber ihr müsst vielleicht auch etwas dazu beitragen», sagte er, als sie beim Bootsausflug – wieder im Restaurant Rousseau – Halt machten und beim Mittagessen zusammen am Tisch saßen. «Und du, Flavio, bist zwar noch nicht konfirmiert, aber du darfst dir auch etwas wünschen.»

«Wie muss man das mit dem ‹etwas beitragen› verstehen?», wollte Claudia wissen. «Heißt das, dass wir einen Teil von dem bezahlen müssen, was wir uns wünschen?»

Beat lachte. «Nein», sagte er. «Aber wenn du von einem Traumprinzen redest, den du einmal heiraten willst, musst du dir den schon selber aussuchen. Wenn es materielle Dinge sind, die dich glücklich machen, können wir darüber reden. Also, überlege es dir!»

«Gut, das ist ein Angebot», erwiderte Claudia. «Also Papa, du hast ja schon einige Töfftouren mit mir gemacht. Das fand ich toll, und du hast mich auf den Geschmack gebracht, später Motorradrennen zu fahren. Vielleicht schaffe ich das, doch dafür müsste ich schon selber sorgen. Aber ich würde gerne einmal am Moto GP von Italien dabei sein, als Zuschauerin, das wäre schön. Valentino Rossi, den zurzeit besten Fahrer der GP-Klasse, würde ich gerne einmal live sehen, vielleicht auf der Rennstrecke in Mugello bei Florenz. Was meinst du?»

«Wow!», staunt Flavio. «Nicht schlecht!»

Beat ist begeistert. «Ist gebucht!», sagt er, «versprochen! Und du Conny, was hast du für einen Wunsch?»

Die jüngere der beiden Schwestern muss nicht lang überlegen. «Ich möchte für mindestens eine Woche nach Rio de Janeiro. An der Copacabana baden, mit dem Bike zur Ipanema Beach und auf der Plataforma eine große Tanzshow erleben. Dann auch auf den Hügel, wo die berühmte Christus-Statue steht und, wenn es passt, einen Rundflug mit dem Helikopter erleben. Und, falls es noch drin liegt, einen Fußballmatch im berühmten Maracanã-Stadion besuchen, wo einst Pelé und Maradona gespielt haben.»

Alle machten große Augen und sahen erwartungsvoll zu Beat.

«Was meinst du, Beat? Bist du dabei?», fragte Lisa.

«Ich denke schon, ich wollte schon lange mal nach Brasilien, und wenn Conny in zwei Jahren noch den gleichen Wunsch hat, machen wir das. Und nun zu dir, Sohnemann! Bei dir dauert es noch vier Jahre, bis du deinen Wunsch anbringen kannst, aber vielleicht hast du ja schon eine bestimmte Idee...»

Flavio ließ sich etwas Zeit mit seinem Wunsch, während alle gespannt warteten. «Ja», sagte Flavio zögernd, aber ich bin mir noch nicht sicher. Ich spiele ja beim FC Aarberg und darf manchmal mit dir und deinen Kunden an die YB-Spiele in Bern. Das gefällt mir, und wenn ich fünfzehn bin, würde ich gerne bei einem Spitzenspiel live dabei sein. Nicht in der VIP-Lounge, sondern mitten unter den Zuschauern, den richtigen YB-Fans.»

«Super!», antwortete Beat. «Hoffen wir, dass die Young Boys in vier Jahren wieder um den Titel spielen werden!»

«Das sind schöne Wünsche», fand Lisa, sichtlich stolz auf ihre Kinder. «Nun bist du herausgefordert, Herr Kapitän!» Lachend fügte sie hinzu: «Du musst uns aber zuerst noch, ohne dass wir alle nass werden, wieder sicher in den Hafen zurückbringen!»

Wissen, wohin man will

Beats Aufenthalt im Inselspital geht dem Ende entgegen. Noch ein paar Checks, dann eine kurze Reha. Mit seinem Arbeitgeber ist es in den letzten Tagen zu einer Vereinbarung gekommen. Es war ein gutes, offenes Gespräch, das er mit dem CEO geführt hatte. Man freue sich auf Beats Rückkehr, sagte ihm sein Vorgesetzter, und Beat dankte ihm für die Unterstützung des Unternehmens während seines mehrmonatigen Spitalaufenthalts. Er werde seine Arbeit gerne wieder aufnehmen, möchte aber die Zeit in der Firma nutzen, seinen vorzeitigen Ausstieg aus dem Berufsleben vorbereiten zu können.

Nun wartet er in der Cafeteria auf Phil, mit dem er verabredet ist. Er wird den regelmäßigen Austausch mit dem Neurologen vermissen, ist sich Beat bewusst, als sich Phil an ihr Tischchen setzt.

«Bevor ich heute wieder aus meinem bisherigen Leben berichte, möchte ich zur Abwechslung mal mehr über dich erfahren», beginnt Beat das Gespräch. «Dein Leben ist bestimmt sehr interessant, aber ich weiß so gut wie nichts darüber.»

«Da hast du recht», pflichtet Phil ihm bei. «Ich der Professor, du der Patient. Ich stelle Fragen, du berichtest und übergibst mir Dokumente und Aufzeichnungen aus deinem bisherigen Leben. Dafür bin ich dankbar, und dein Wunsch, auch meine private Seite kennenzulernen, ist mehr als berechtigt. Unsere Treffen sind nicht mehr mit Arztbesuchen vergleichbar, aber ich muss dir gestehen, dass ich als Forscher in der Neurologie immer noch erstaunt und erfreut bin, wie gut du nach deinem Herzstillstand funktionierst. Das habe ich bisher bei keinem Patienten erlebt, dessen Gehirn während einer gewissen Zeit ohne Sauerstoffzufuhr war.»

«Das kann ich mir selber nicht erklären, aber vielleicht gibt es dafür auch gar keine Erklärung…»

«Als Wissenschaftler gibt man sich damit natürlich nicht zufrieden», sagt Phil lachend. «Aber kurz zu meiner Person: Ich bin dreiundvierzig, glücklich verheiratet, habe zwei Kinder. Mein Sohn Roger ist vierzehn, Tochter Sandra elf Jahre alt. Meine Frau, sie heißt Gisela, ist drei Jahre jünger als ich und arbeitet halbtags in einer Bibliothek.»

«Dann bist du also neben deiner spannenden Forschungsarbeit auch als Ehemann und Familienmensch gefordert – ich dachte schon, du verbringst die meiste Zeit deines Lebens im Spital und mit Forschungsprojekten.»

«Nun ja, viel Zeit fürs Nichtstun bleibt dabei tatsächlich nicht übrig. Roger wird bald erwachsen und weiß noch nicht, was er beruflich machen möchte, jedenfalls will er nicht studieren. Er ist auch ein Suchender, ähnlich wie du früher in seinem Alter. Vielleicht lernt ihr euch einmal kennen. Sandra interessiert sich für ökologische und soziale Themen und hat auch schon an Demos von Klimaaktivisten teilgenommen. Im Winter werden wir uns eine Woche Skiferien leisten, aber die großen Reisen, die du und Lisa unternommen habt, werden Gisela und ich erst machen können, wenn unsere Kinder flügge geworden sind.»

«Schön, danke, Phil. Dein Sohn sei auch ein Suchender – wonach sucht er denn?»

«Man könnte sagen, ihm fehle, ganz im Gegensatz zu dir, der Kompass. Mal konnte er sich vorstellen, Reiseführer zu werden, dann dachte er, Journalismus wäre der ideale Job für ihn, und neuerdings liebäugelt er mit der Idee, Schauspieler zu werden. Ich lasse mich überraschen, was er sich als Nächstes überlegt.»

«Das ist heute vielleicht das Problem von vielen jungen Menschen», meint Beat. «Zu wissen, wohin man will.»

«Du hattest deine Kinder einmal nach ihren Wünschen gefragt», erinnert sich Phil. «Was ist eigentlich daraus geworden?»

«Jeder dieser Wünsche wurde erfüllt. Mit Claudia habe ich in Mugello den GP von Italien besucht. Sie durfte die Box von Valentino Rossi besuchen und bekam ein Autogramm von ihm. Mit Conny flog ich nach Brasilien und zog in Rio das ganze Wunschprogramm meiner zweitältesten Tochter durch. Flavio ist heute Mitglied im YB-Fanclub und kennt die meisten Spieler der Mannschaft persönlich.»

«Ich werde Roger und Sandra auch nach ihren Wünschen fragen», nimmt Phil sich vor. «Und du? Du wirst uns ja bald verlassen und wieder ins Berufsleben einsteigen, wie ich erfahren habe. Ich hoffe, wir sehen uns vorher noch einmal.»

«Sicher, wenn du Zeit hast, gerne. Nach der Reha werden Lisa und ich zuerst Ferien machen und nach Teneriffa reisen.»

«Das ist eine gute Idee. Und dein Buch? Wie kommst du damit voran?»

«Ich bin immer noch am Sortieren der Unterlagen. Es sind so viele Reiseberichte darunter, und ich möchte nur die wichtigsten berücksichtigen.»

«Vielleicht lasse ich mich von deinen Reiseberichten inspirieren, Gisela und ich haben diesbezüglich Nachholbedarf», meint Phil.

Große Reisen

Beats Traum von Reisen in ferne Länder hat sich im Lauf der Jahre erfüllt, und viele Fotoalben und Reiseberichte, die er gesammelt hat, sind Zeugnis davon.

Schon während seiner Schulzeit hatte Beat den Wunsch, die Welt zu entdecken. Wenn ich einmal volljährig bin, werde ich große Reisen machen, sagte er sich. Er studierte Weltkarten und wurde sich bewusst, dass die Schweiz nur ein kleiner Fleck auf dem Globus ist. Er las Abenteuergeschichten, die in fernen Ländern spielten, und bekam eine Vorstellung darüber, wie viele fremde Völker, Kulturen und Sprachen es auf der Erde gibt. Vor allem orientalische Länder, Busch- und Dschungellandschaften faszinierten ihn.

Jede seiner Reisen war für ihn eine wertvolle Bereicherung. Und immer war er sich bewusst, woher er gekommen ist, und oft hatte er sich gefragt, ob er da bleiben möchte, wo er gerade war. Ob allein oder mit Lisa unterwegs, am Ende einer Tour oder langen Reise hat er sich immer gefreut, wieder zurück in die Schweiz zu fahren.

Beat hat sich vorgenommen, im Ruhestand so oft wie möglich weitere Reisen zu unternehmen, auch in Länder, die er schon kennt und wieder besuchen will. Doch zuerst durchforstet er seine Fotoalben und frischt seine Erinnerungen an frühere Erkundungen auf.

Sehnsuchtsorte

Beat und Lisa hatten 1984 geheiratet, und Beats berufliche Laufbahn hatte sich in der Zwischenzeit wie von ihm gewünscht entwickelt. Als Zwanzigjähriger war er mit einem Visum für Auswanderer nach Australien gereist und dort ein Jahr geblieben. Diese Zeit war prägend für ihn gewesen und eine Episode in seinem Leben, die er nicht missen möchte. Auswanderungspläne hatte er seither nie mehr, doch den Wunsch, ferne Länder kennenzulernen, verspürte er nach wie vor.

Die Entdeckungsreisen in den folgenden Jahrzehnten hatten er und Lisa als Touristen erlebt, anders als bei seinem ersten Aufenthalt in Australien, wohin er als Auswanderer gereist war und hoffte, als Gold- und Opalsucher reich werden zu können.

Beat und Lisa reisten – oft mit ihren drei Kindern und manchmal mit Freunden – an Traumdestinationen mit Sandstränden am Indischen Ozean, durchstreiften Palmenwälder und bestaunten die *Sigiriya-Felsen* in Sri Lanka, wo sie den heiligen Berg *Adam´s Peak* besuchten. Dieser ist mit 2243 Metern nicht der höchste, aber der bedeutendste Berg Sri Lankas und eine Pilgerstätte für Buddhisten, Hindus, Muslime und Christen. Im Kloster auf dem Gipfel befindet sich ein 1,8 Meter großer Fußabdruck, der *Sri Pada*, der im Glauben der Buddhisten von Buddha stammt. Hindus sehen in ihm den Fußabdruck des Gottes Shiva, für Muslime handelt es sich um denjenigen von Adam, und für Christen war es Apostel Thomas, der dort eine bleibende Spur hinterlassen haben soll.

Spektakulär war auch die Reise nach Ecuador und zum *Cotopaxi*, einem der aktivsten Vulkane der Erde und mit 5897 Metern der zweithöchste Berg des Landes. In der Sprache der Inka bedeutet Cotopaxi «Hals des Mondes». An bestimmten Nächten im Jahr sieht man den Mond als «Kopf» direkt über dem Berg aufgehen und den Schnee auf dem Gipfel als «Poncho» hell erleuchtet. Kein Wunder, dass auch der Cotopaxi als heiliger Berg gilt.

The Big Five

Im Jahr 2008 flogen Beat und Lisa mit ihren drei Kindern nach Nairobi. Von dort ging es mit dem Jeep durch den Nairobi-Nationalpark und am anderen Morgen zu einem weiteren Nationalpark Kenias, dem Amboseli, mit Blick auf den Kilimandscharo, und von dort weiter durch das Naturschutzgebiet Masai Mara, wo sie Elefanten, Giraffen, Löwen, Büffel, Zebras, Nashörner und Gnus beobachteten. Nach einer Woche kamen sie an der Diani Beach südlich von Mombasa an und bezogen das Badehotel direkt am weißen Sandstrand.

Sie waren tief beeindruckt, die Wildtiere einmal in ihrer natürlichen Umgebung gesehen zu haben, und die Kinder wollten wissen, warum die Touristenführer immer wieder von den Big Five gesprochen hatten.

«Welche fünf Tiere sind eigentlich damit gemeint?», wollte Claudia wissen.

Beat hatte sich selber einmal für diese Frage interessiert: «Ich habe auf unserer Tour mit einem Massai darüber gesprochen, und der hat mir erklärt, dass Löwen, Elefanten, Nashörner, Büffel und Leoparden zu den fünf Großen gehören. Die Eigenschaften dieser Tiere würden oft mit den unterschiedlichen Charakteren der Menschen verglichen, erklärte der Massai, also mit der Persönlichkeit eines Menschen.»

«Interessant», bemerkte Claudia. «Welchem Tier würde ich demnach entsprechen? Vielleicht einem Nashorn?»

«Dem Aussehen nach nicht unbedingt», lachte Beat. «Es gibt allerdings zwei Arten von Nashörnern, das Spitzmaulnashorn und das Breitmaulnashorn. Der Form nach würde ich dich dem Breitmaulnashorn zuordnen.»

Claudia warf ihrem Papa den leeren Kaffeebecher aus Pappe zu und schmollte theatralisch.

«Nein, im Ernst», fuhr Beat fort. «Die Afrikaner verehren diese Tiere, den Löwen für seine Stärke und sein lautes Gebrüll, den Elefanten für seine Weisheit und die Stoßzähne, das Nashorn für sein Durchsetzungsvermögen, den Büffel für seine aggressive Natur und den Leoparden als geschickten Jäger und für seine Tarnung.»

«Zu sehen, wie die Tiere einander fressen, ist aber brutal», bemerkte Flavio, der sich erinnerte, wie sie eine Hyänenmeute beobachtet hatten, die sich über die Reste eines Gnus hermachte, das zuvor vermutlich von Löwen gejagt und erlegt worden war. In der Nähe warteten bereits Aasgeier aufgeregt, um auch noch etwas von der Beute abzubekommen.

Beats Gedanken schweiften ab. Ihm fiel ein, wie Harry Holzheu an ihrem gemeinsamen Seminar ein paar Jahre zuvor den Swisscom-Mitarbeitern verkündet hatte, dass die freie Marktwirtschaft nach den gleichen Gesetzen funktioniere wie das Verhalten der Raubtiere in der Wildnis: fressen oder gefressen werden. Es sei ein ständiger Überlebenskampf, sowohl in der Tierwelt als auch in Wirtschaft und Politik. Nur dass wir Menschen mit anderen Waffen und Fähigkeiten ausgestattet sind als Raubtiere in der freien Wildbahn.

Beat wollte das Gespräch mit seinen Kindern in eine andere Richtung lenken und verkündete: «Ich erinnere mich an einen Bericht über das Fünf-Faktoren-Modell, den ich einmal beim Stöbern in einem Buch über Persönlichkeitspsychologie gelesen habe. Demnach handelt es sich bei den Big Five um ein Standardmodell in der Persönlichkeitsforschung, nach dessen fünf Kriterien sich jeder Mensch einordnen lässt, zum Beispiel nach Offenheit und Empathie. Aber mehr darüber weiß ich nicht mehr. Man könnte auch die fünf wichtigsten Ziele im Leben als Big Five bezeichnen. Ihr könntet zum Beispiel versuchen, euch eure fünf Lebensziele, die ihr erreichen wollt, vorzustellen.»

«Zum Beispiel viel Geld verdienen?», fragte Conny.

«Dafür müsstest du aber viel arbeiten», warf Flavio ein.

Beat sah das anders: «Mit viel Arbeiten wirst du nicht unbedingt reich. Arbeiten, um persönliche Erfüllung zu finden», wäre aber wirklich ein schönes Lebensziel. Und wenn du dabei auch noch genug Geld verdienst, darfst du dich glücklich schätzen.»

An diesen Abend hat Beat sich gerne erinnert.

In Mombasa trafen sie Hans Blaser, einen Schweizer aus dem Berner Seeland, der vor vielen Jahren mit seiner Frau nach Kenia ausgewandert ist. Er hatte sich hier eine neue Existenz aufgebaut, weil es ihm in der Schweiz zu eng und zu kalt war; er führte ein kleines Safari-Unternehmen. Das Schweizer Fernsehen hatte ihn neulich besucht, und die bekannte Moderatorin Mona Vetsch war mit ihm und dem Tourorganisator von Let's Go auf Safari gegangen. Die Dokusendung mit beeindruckenden Bildern wurde auf SRF und 3sat ausgestrahlt.

Hans freute sich immer über Besuch aus der Schweiz und war offen für ein Gespräch mit Beat, der ihn fragte, was ihn bewogen habe, die Schweiz zu verlassen.

«Weil ich das Bedürfnis hatte, neue Erfahrungen zu sammeln und mich persönlich weiterzuentwickeln», antwortete Hans. «Ich war neugierig auf andere Kulturen und wollte die Welt bereisen. Ich habe mich für Kenia entschieden, weil ich von der Größe und Schönheit des Landes und seiner Tierwelt fasziniert war.»

Hans Blaser war überzeugt, in Kenia seine neue Heimat gefunden zu haben. Er habe sich gut an das tropische Klima gewöhnt und sich der fremden Kultur angepasst. Er habe sich bemüht, die Sprache der Einheimischen zu lernen und sich mit ihnen anzufreunden. Inzwischen spreche er fließend Suaheli, und er habe hier viele Freunde und Geschäftspartner, mit denen er sich gut verstehe. «Ich denke nicht, dass ich jemals auf meine Pension in die Schweiz zurückkehren werde. Kenia ist mein Zuhause geworden, und ich liebe es, hier zu leben. Ich habe noch viele Pläne, darunter die Erweiterung meines Safari-Unternehmens und die Unterstützung lokaler gemeinnütziger Projekte. Alle zwei bis drei Jahre besuche ich meine alte Heimat im Berner Seeland. Aber ich bin zufrieden mit meinem Entscheid, den ich als junger Mann vor fünfunddreißig Jahren getroffen habe.»

Beat musste an sein Australien-Abenteuer denken, das einen großen Einfluss auf sein weiteres Leben gehabt hatte. Anders als Hans Blaser hatte er schließlich damals den Plan vom Auswandern begraben und auf seinen inneren Kompass gehört. Heute weiß er, dass es richtig war, in Australien sein Glück zu suchen und dass es ebenso richtig war, wieder in die Schweiz zurückzukehren.

Zweite Australienreise nach dreißig Jahren

Beim Durchforsten der vielen Aufzeichnungen, Notizen und Fotos von früheren Reisen kommt Beat ein umfangreiches Dossier mit dem Titel «Zweite Australienreise» in die Hände. Er erinnert sich, dass Phil sich besonders für seine erste Australienreise interessiert hatte, und so beschließt er, dem Dossier ein paar Seiten zu entnehmen, die er Phil beim nächsten Treffen zum Lesen würde geben können.

Nach fünf Jahren bei der Swisscom hatte Beat im Januar 2010 erneut Anspruch auf ein Sabbatical. Das bedeutete fast zwei Monate Ferien. Der Entscheid, nach dreißig Jahren Australien wieder zu besuchen, war rasch gefällt. Sie waren auf die Veränderungen in Down Under gespannt und darauf, ob Peter Indermühle immer noch im Opalfeld leben würde.

Das Australien-Abenteuer 1981 mit den Auswanderungsgedanken ist Beat und Lisa in bester Erinnerung geblieben. Diese Zeit mit Gold- und Opalsuche, Reisen, Arbeiten und Leben in einer anderen Kultur haben sie geprägt und ihnen eine neue Grundlage für die Jahre nach ihrer Rückkehr in die Schweiz gegeben.

Sie buchten die Flüge ab Zürich mit einem Aufenthalt von vier Tagen in Singapur und dann nach Perth, den Retourflug einen Monat später ab Sydney. In Perth war ein Jeep mit eingebautem Dachzelt für sie reserviert.

In Singapur besuchten sie einige der bekanntesten Sehenswürdigkeiten: den *Merlion*, ein riesiges Fabelwesen mit einem Löwenkopf und einem Fischkörper, den *Marina Bay Sands Skypark*, ein Dachgarten mit einem unglaublichen Blick auf die Stadt, *Gardens by the Bay*, ein botanischer Garten mit spektakulären künstlichen Bäumen, die nachts beleuchtet werden, und das Chinatown-Viertel, das für seine bunten Gebäude und traditionellen Märkte bekannt ist. Ein weiteres spannendes Viertel ist *Little India* mit seinen farbenfrohen Tempeln, lebhaften Straßenmärkten und indischen Restaurants. Auch Asiens südlichster Punkt, die Siedlung *Suntec City*, war einen Besuch wert.

Am fünften Tag ihrer Reise kamen Beat und Lisa in Perth an, wo der reservierte Jeep für sie bereitstand. Die erste Etappe ihrer Reise über den ganzen australischen Kontinent führte nach Fremantle, wo sie den historischen Hafen und das berühmte Fremantle-Gefängnis besuchten. Hierhin hatte England zwischen 1850 und 1868 fast 10 000 Sträflinge verlegt, die als Arbeitskräfte zum Bau von Straßen, Brücken und Häusern eingesetzt wurden.

Man vertrat damals die Meinung, Isolationshaft sei eine wirksame Maßnahme zur Resozialisierung straffälliger Menschen. Den Gefangenen wurde jeglicher Kontakt untereinander untersagt, sie waren in Einzelzellen untergebracht und während mehrerer Monate oder gar Jahre total isoliert, bevor sie sich beim Aufbau von Australiens Infrastruktur nützlich machen durften.

Und weiter ging die Reise kreuz und quer durch Australien von der Pazifikküste bis zum Endpunkt Sydney am Indischen Ozean. Sie machten Zwischenstopps in Margaret River, Busselton, Walpole und in der

Gegend von Albany im Süden von Westaustralien. Von dort ging es auf der berühmten *Nullarbor-Strecke* nordwärts. Auf Australiens längster gerader Straße mit 90 Meilen (beinahe 150 Kilometer) ohne eine Kurve, links und rechts umgeben von einer kargen Ebene ohne Bäume, fuhren sie in die Gegend von Adelaide und dann Richtung Outback zu den Kängurus in die *Flinders Ranges*, die für ihre spektakulären roten Felsen und Schluchten bekannt sind. Ab Coober Pedy, einst unter Opalsuchern berühmt, gab es nur noch Offroad-Pisten, den *Strzelecki Track*, der durch die Outback-Landschaft führt. Am Cameron Corner befanden sie sich am Grenzdreieck der Bundesstaaten New South Wales, Queensland und South Australia.

Der *Strzelecki Track* ist nach dem polnischen Entdecker Sir Paul Edmund Strzelecki benannt, der in den 1840er-Jahren in Australien mit Kamelen reiste und die Region erkundete. Strzelecki unternahm mehrere Expeditionen in verschiedene Teile Australiens und wurde bekannt für seine Entdeckungen und Erkundungen, insbesondere im Bereich der Geologie. Nicht zu verwechseln mit John Strelecky, dem Autor des Buches *Das Café am Rande der Welt*. Der Track war ursprünglich eine Route für Viehtreiber und Händler, die Waren zwischen South Australia und Queensland transportierten. Heute ist er beliebt als Strecke für Abenteuertouristen, die das australische Outback erkunden möchten.

Vom Cameron Corner aus waren es noch etwa 600 Kilometer bis White Cliffs in New South Wales. Es gibt vereinzelt immer noch Opalsucher in der Gegend, die in unterirdischen Unterkünften wohnen. Dort wollte Beat seinen damaligen Schweizer Opal- und Goldmentor Peter Indermühle suchen.

Nach einer Woche auf staubigen und sandigen Tracks kamen die White Cliffs in Sichtweite. Die dortige Outback-Siedlung ist 250 Kilometer von Broken Hill entfernt. Beat erinnerte sich, wie er nördlich von Broken Hill zwischen Gold- und Opalsuche auf einer Farm, die flächenmäßig größer war als das ganze Berner Seeland, bei der Schafschur mithelfen und etwas Geld hatte verdienen können.

«Wie ist das auf einer solchen Farm?», wollte Lisa wissen.

«Auf einer so großen Farm im Outback Australiens werden oft verschiedene Transportmittel eingesetzt, um Schafe zu treiben und zu versorgen. Farmer John besaß ein Kleinflugzeug, fünf Jeeps und acht Motorräder, um das Gebiet zu überwachen und Schafe aufzuspüren. Die Motorräder werden gebraucht, um die Schafe auf den letzten Kilometern Richtung Ziel zu treiben, wo die Scherer in einem Stall auf sie warten.

Die Schafschur ist ein wichtiger Bestandteil der Schafzuchtindustrie in Australien. Die Wolle der Schafe wird auf der Farm sortiert, in Ballen verpackt und dann in ein Wollspeicherhaus gebracht, wo sie weiterverarbeitet wird. Sie kann gewaschen, gekämmt, gefärbt und gesponnen werden, um verschiedene Arten von Garnen und Stoffen herzustellen.

Australien ist einer der größten Wollproduzenten der Welt. Die Qualität der Wolle hängt von vielen Faktoren ab, zum Beispiel von der Rasse des Schafs, seiner Ernährung und der Art der Pflege, die es erhält. Ich hoffe, dass ich deine Frage umfassend genug beantworten konnte», meinte Beat grinsend.

Lisa war beeindruckt: «Ja, danke für den Vortrag. Und du warst einer der Scherer?»

«Meine Aufgabe war es, mit einem Motorrad die Schafe zum Stall zu treiben. Dort habe ich geholfen, die Wolle einzusammeln und auf den Lastwagen zu bringen. Am Abend gab es immer eine große BBQ-Party. Lammkoteletts wurden auf dem Feuer gebraten und literweise Bier getrunken, bis einige herumtorkelten, bevor sie irgendwo schlafen gingen. Aber jetzt bin ich gespannt, ob Peter noch hier irgendwo in einer Untergrundwohnung lebt.»

Beat wusste nicht mehr genau, in welchem der vielen Hügel im Dugout er damals bei Peter gewohnt hatte. Sie fuhren mitten durch die Siedlung, wo links das Pub war und rechts das Postoffice. Mehr gab es nicht. Im Umkreis von drei Kilometern sah man die Hügel, wo die Opalsucher in ihren unterirdischen Unterkünften hausten. Dort gab es auch ein Bed and Breakfast unter dem Boden und auf der anderen Seite von White Cliffs einen Camp Ground mit einer Dusche und Toiletten für Camper, die es bis hierher geschafft hatten. Beat stieg beim Postoffice aus, aber niemand war am frühen Nachmittag bei 35 Grad draußen anzutreffen. Zurück im Jeep meinte er, dass ihm ein Gefühl sage, dass sie Peter vermutlich ganz in der Nähe finden würden, vielleicht in ein oder zwei Kilometer Entfernung in nordöstlicher Richtung.

«Wer sagt dir das?», wollte Lisa wissen. «Hat jetzt wieder dein Kompass gesprochen?»

«Du wirst es nicht glauben und kannst dich meinetwegen über mich amüsieren, aber ehrlich, ich spüre, dass Peter in der Nähe ist.»

Lisa hatte keine Ahnung, wie man jemanden spüren kann, der kilometerweit entfernt ist, aber sie hat schon oft erfahren, dass Beat so etwas wie eine besondere Antenne hat und sich nur selten von seinen Gefühlen täuschen lässt.

Langsam steuerte Beat den Jeep über den Holperweg und blickte über das Opalfeld mit den vielen Hügeln, die von Opalsuchern gemacht worden waren. Intuitiv lenkte er den Jeep eine Viertelstunde später auf eine kleine Auffahrt in Richtung eines Hügels, vor dessen Eingang er einen Vorbau und ein Auto erspäht hatte. Er parkte dort oben, sah aber niemanden, stieg aus und ging zum Eingang mit einer Art Vorzelt aus Blech und Holz. Von draußen hörte er plötzlich Stimmen. Er ging näher und trat in den Vorraum. Da saßen zwei Frauen und ein hagerer alter Mann, alle mit einer Tasse Tee in der Hand. Beat begrüßte sie: «Hello and good day. I am looking for Peter Indermühle, do you know where I could find him?»

Die drei schauten ihn mit großen Augen an, dann stand der Mann auf und sagte: «Yes, that's me.»

Beat war total überrascht, weil er ihn nicht erkannt hatte, ohne Bart und dreißig Jahre älter. Einmal mehr staunte er auch über sich selber, wie ihn sein innerer Kompass ohne Telefon, Internet und Landkarte hierher auf die andere Seite der Erdkugel direkt zu Peter geführt hat.

«Tschou Peter, de chöimer ja Bärndütsch rede! Ig fröie mi, di hie z'finde!»

Peter antwortete mit einem breiten Lächeln: «Sälü, das isch de schön, dass du wieder einisch hie häre chunsch... Ig erinnere mi guet a üsi Zyt. Das fröit mi jetz würklich!»

Nun betrat auch Lisa den Raum, und Beat stellte sie Peter vor. Umgekehrt machte Peter sie mit den beiden Frauen bekannt, lieben Nachbarinnen, die ihn oft besuchten, während ihre Männer in der weiteren Umgebung auf Gold- und Opalsuche waren. «Die guten Zeiten sind vorbei», erklärte Peter. «Das Gebiet ist heute fast unbewohnt.»

Anschließend zeigte Peter ihnen seine Untergrundwohnung. Es sah fast alles so aus wie damals. Nur hatte der alte Mann mit der Zeit begonnen, viel Kram zu sammeln und aufzuschichten. Seine Frau und Kinder hatten ihn verlassen und wohnten jetzt in der Schweiz. «Egal», sagte Peter. «Ich bleibe hier.»

Beat realisierte bald, dass bei Peter etwas nicht mehr richtig tickte. Der greise Alte zeigte mit wässrigen Augen nach oben auf seinen Hügel und erklärte, dass er dort einen kleinen italienischen Dom baue.

Sein Grab, dachte Beat. Er sah, dass Peter das Gerüst seines Doms aus Alteisen schon zusammengeschweißt hatte. Darum herum lagen Dinge, von denen er sich nicht trennen wollte oder konnte, Gerümpel, das andere hinterlassen hatten. Der alte Mann tat ihm leid, aber Beat konnte mit ihm über frühere gemeinsame Erlebnisse reden, und Peter erinnerte sich an den jungen Schweizer, dem er vor dreißig Jahren das Gold- und Opalsuchen beigebracht hatte.

Mein Kompass hat mich ins Nowhere zu einem alten Freund geführt. Er war wie ein Vater zu mir. Ich werde ihn nie vergessen.

*

So hat Beat am nächsten Tag die Reise nach Sydney geplant und noch einmal die Routen und Sehenswürdigkeiten unterwegs studiert. Sie hatten keine Eile und wollten noch möglichst viel von diesem Kontinent sehen. Auch die Aborigines interessierten sie. Sie lebten zwar ein total anderes Leben, das Beat nicht als ideal empfand, aber ihre Spiritualität und ihre Song Lines, auf die er sich vor dreißig Jahren besonnen hatte, als er im Outback hoffnungslos herumirrte, haben etwas Mystisches.

Er notierte sich Australiens Sehenswürdigkeiten, die sie auf dem Weg nach Sidney noch besuchen könnten:

- Die Blue Mountains, eine Gebirgskette westlich von Sydney mit den Three Sisters, einer imposanten Felsformation.
- Die Jenolan Caves, Höhlen im Blue Mountains National Park mit spektakulären unterirdischen Formationen.
- Canberra, Australiens Hauptstadt etwa auf halber Strecke zwischen White Cliffs und Sydney.

- Die South Coast: die Küstenregion südlich von Sydney mit den schönsten Stränden Australiens und charmanten Küstenstädten.
- Die Hunter-Valley-Weinregion nördlich von Sydney ist bekannt für ihre Weingüter und bietet eine Vielzahl gastronomischer Entdeckungen.
- Newcastle: eine Industriestadt, die sich in den letzten Jahren zu einem spannenden Reiseziel entwickelt hat. Nobbys Beach und die Newcastle *Art Gallery* nicht zu vergessen.
- Der Royal National Park südlich von Sydney mit vielen Wanderwegen und spektakulären Stränden.
- Wollongong: Die Stadt ist nicht nur für ihre Strände und Surfszene bekannt, auch den *Nan Tien Temple* und den *Wollongong Botanic Garden* sollte man gesehen haben.

Sie machten sich auf den Weg und fuhren auf der Sandpiste bis Wilcannia. Dort zeigte Beat Lisa, wo er vor dreißig Jahren zwei Tage gewartet hatte, bis ihn ein Truckfahrer nach Brisbane mitnahm. «Nahe der Straße am Murray River habe ich unter einem Baum übernachtet. Das Auto und den Metalldetektor wollte ich in Brisbane kaufen, bevor ich auf die Suche nach Gold ging.»

«Und damals hattest du die Absicht, auszuwandern. Ich weiß nicht, was ich dann gemacht hätte, aber ich bin froh, dass du dann diesen Plan aufgegeben hast», meinte Lisa.

«Du hast recht, aber die Zeit ohne dich hat mich oft nachdenklich gestimmt. Die Fragen des Lebens kamen immer abends am Lagerfeuer in der totalen Einsamkeit: Was mache ich hier? Ich möchte doch Lisa heiraten, eine Familie gründen, ein Haus bauen und meinen Wunschberuf finden. Jetzt, dreißig Jahre später, haben sich fast alle meine Wünsche erfüllt, und ich bin glücklich mit dir.»

Während der Fahrt hoppelten Kängurus über die Sandpiste, und Beat musste aufpassen, dass ihm keines vor den Jeep hüpfte. Lisa, als Tochter eines Jägers, war sehr naturverbunden und ermahnte ihn, langsamer zu fahren.

«Mach dir keine Sorgen, Lisa. Ich habe alles im Griff. Übrigens möchte ich heute Abend, wenn wir einen ruhigen und romantischen Campingplatz abseits der Straße gefunden haben, einen längeren Tagebucheintrag schreiben. Es ist so vieles geschehen, das mir Freude bereitet hat, auch Dinge, die ich nicht vorausplanen konnte. Bist du einverstanden, dass ich dann ungefähr eine Stunde diese Einträge in meinem Dankbarkeits- und Erfolgsjournal mache? Du weißt, dass das für mich eine Art Ritual geworden ist, und heute spüre ich, dass ich wieder meine Stunde Zeit dafür brauche.

«Kein Problem», antwortete Lisa, während sie Richtung Sidney fuhren, das noch 1500 Kilometer entfernt war. «Ich werde in dieser Zeit im Busch unser Nachtessen vorbereiten, wir haben ja alles dabei.»

Zwanzig Minuten später fanden sie die richtige Stelle, um zu campen, und während Lisa mit der Zubereitung ihres Abendessens begann, entdeckte Beat in der Nähe ihres Jeeps einen großen Eukalyptusbaum, unter dem er sich mit dem Campingtisch und einem Stuhl für seine Meditation einrichtete. Wie zu seiner Begrüßung ertönte das unnachahmliche Lachen des Kookaburra, des lachenden Hans, wie Beat den eigentümlichen Vogel nannte.

Beat hielt im Tagebuch alles Wesentliche fest, was sie seit ihrer Ankunft in Perth gesehen und erlebt hatten und ergänzte seine Notizen mit Bemerkungen über Gedanken, die er sich während ihrer Reise gemacht hatte. Er schrieb, dass er in sich die Gefühle von Liebe, Gelassenheit, Reichtum, Wohlstand, Frieden, Freude, Vertrauen, Glück, Lebenslust und Leichtigkeit verspüre.

«Ich fokussiere laufend auf das Gefühl der Harmonie von Wohlstand und Reichtum (nicht nur materiell) mit Liebe», schrieb er als letzten Eintrag, als er Lisa rufen hörte.

«Beat, hallo Beat! Komm, das Essen ist fertig. Ein grilliertes Kängurusteak und Salat warten auf dich!»

Das Steak schmeckte ausgezeichnet. Lisa wusste, dass Beat es liebte, wenn das Fleisch gut durchgebraten war und keine blutigen Stellen mehr zu sehen waren, während sie es à point bevorzugte. Sie kamen auf die Aborigines zu sprechen, von den Australiern «Abos» genannt, und Lisa, die früher mit ihrem Vater oft auf Fuchs-, Reh- und Gemsjagden gegangen war, wollte wissen, wie sie früher Kängurus gejagt und erlegt hätten. «Haben sie dazu den Bumerang als Waffe benutzt?»

«Interessante Frage», meinte Beat. «Aber so genau weiß ich es auch nicht. Der Bumerang kommt ja nur zurück, wenn er nichts getroffen hat.

Wir haben ja ein paar schlaue Bücher über Australien und die Aborigines dabei.»

In einem Buch über die Kultur der australischen Ureinwohner fand er tatsächlich Antworten auf Lisas Frage. «Da gab es den Känguru-Drive, also eine Gruppe von Jägern, die eine Herde Kängurus in einen Engpass trieb, wo sie sie einfangen oder töten konnten. Es gab auch Känguru-Gruben, die mit Zweigen und Blättern bedeckt waren, um sie zu tarnen. Oft fielen Kängurus in solche Fallen. Manche Aborigines haben auch mit Bögen und Pfeilen gejagt oder haben Wurfspeere verwendet, um Kängurus zu jagen. Tatsächlich wird auch der Bumerang erwähnt, den die Jäger zum Betäuben von Tieren benutzten, die sie dann erlegt haben.»

Die untergehende Sonne hatte inzwischen den Himmel im Westen tiefrot verfärbt, und die lästigen Fliegen hatten sich verzogen. «Es ist schon erstaunlich, wie Urvölker auf allen Kontinenten vor Jahrtausenden und bis zum Ende des Mittelalters gelebt und überlebt haben. Jetzt gibt es sie nicht mehr, und ihre Nachfolger wurden in Reservate abgeschoben. Steht das auch im Reiseführer?», fragte Lisa.

Beat blätterte in seinen Büchern und bestätigte Lisa, dass die Zahl der Aborigines von geschätzt einer Million Menschen in der Mitte des 18. Jahrhunderts auf etwa 60 000 im Jahr 1920 gesunken sein soll. Als Ursache bekannt seien eingeschleppte Krankheiten und Konflikte mit den Siedlern, die hauptsächlich aus Europa kamen und Landrechte beanspruchten. «Heute soll es wieder etwa 400 000 Indigene geben, von denen drei Viertel in den großen Städten leben und sich der modernen Gesellschaft angepasst hätten.»

Drei Wochen später erreichten sie Sydney, das Ende ihrer Tour durch ganz Australien.

Letzte Tage im Spital

«So, du wirst uns also verlassen und deinen Job bei der Swisscom wieder übernehmen», stellt Phil fest, nachdem Beat ihm erklärt hat, dass er sich mit seinem Arbeitgeber auf eine Rückkehr als Verkaufsdirektor geeinigt hat. «Also alles wieder wie gehabt?»

«Nein», lacht Beat. «Es ist nichts mehr so wie vor meinem Herzstillstand. Ich kehre zur Swisscom zurück, um meinen Ausstieg aus dem Berufsleben vorzubereiten. Ich spüre, dass ich nicht mehr die Energie aufbringe, bis zur Pensionierung diesen fordernden Job ausführen zu können.»

«Hm, das scheint mir sehr vernünftig zu sein. Ich muss zugeben, dass ich mir Sorgen machen würde, wenn du dich jetzt wieder mit Vollgas in die Arbeit stürzen würdest. Weißt du, ich bin überzeugt, dass dein Herzstillstand, der dich wie ein Blitz aus heiterem Himmel getroffen hat, kein Zufall war. Leider ist bei uns im Inselspital die Zahl von Patienten mit akuten Herzerkrankungen in den letzten Jahren stark angestiegen, ganz abgesehen von den vielen Menschen, die mit Burn-out-Symptomen zu uns kommen.»

«Ja, du hast recht. Bei uns lassen sich immer mehr Kollegen, vor allem solche in Kaderpositionen, frühzeitig pensionieren. Das war früher die Ausnahme, heute ist es die Regel. Vor ein paar Wochen hast du mir gesagt, dass du etwas über die mögliche Ursache herausfinden möchtest, die zu meinem plötzlichen Zusammenbruch mit Herzstillstand geführt hat. Hast du nach all den Untersuchungen mit EKG, EEG und nachdem du so viel aus meinem bisherigen Leben erfahren hast, eine Ahnung, wie es zu meinem Blackout kommen konnte?»

Beat würde immer noch gerne wissen, wie es passieren konnte, dass er als gesunder und durchtrainierter Mensch wegen eines Herzstillstandes, der wie aus dem Nichts kam, nur knapp am Tod vorbeigeschrammt ist.

«Es gibt, rein medizinisch gesehen, keine Indizien, die deinen Herzstillstand nachweisbar begründen könnten, somit bleiben nur Spekulationen und Hypothesen. Aber alles, was unser Körper mit uns macht, hat eine Ursache.»

«Hast du in meinem Fall eine Hypothese?»

«Ich kann versuchen, dir ein paar Zusammenhänge zwischen Gehirn und menschlichem Körper zu erklären», antwortet Phil nachdenklich. Ich müsste dabei ein wenig fachsimpeln.»

Beat nickt zustimmend: «Nur zu, ich bin interessiert.»

«Ich will dir keinen wissenschaftlichen Vortrag halten, aber ich muss ein wenig ausholen. Viele deiner Handlungen geschehen bewusst: Du bestimmst, wohin du schaust und gehst, wann du was sagst und auf welche

Geräusche du dich konzentrierst. Das kannst du steuern und kontrollieren. Augen, Ohren, Nase, Zunge und Sensoren in der Haut nehmen Reize aus der Umwelt wahr und leiten sie weiter zum Zentralnervensystem.

Unser Nervensystem kontrolliert die Muskulatur der Organe und regelt lebenswichtige Körperfunktionen wie Herztätigkeit, Atmung, Kreislauf, Stoffwechsel und Körpertemperatur. Daneben übernimmt das Nervensystem auch Aufgaben, die du nicht bewusst kontrollierst. Du kennst das: Beim Sport oder in Stresssituationen beschleunigt sich automatisch dein Herzschlag, die Atmung wird schneller, und du beginnst zu schwitzen.

Das Gehirn ist die Informationszentrale unseres Körpers. Hier werden Informationen aus der Umwelt und über den Zustand des Organismus zusammengetragen und zu Reaktionen weiterverarbeitet. Der am höchsten entwickelte Abschnitt des Gehirns ist das Großhirn mit der Großhirnrinde. Dort sind die Verarbeitungszentren für Signale, die von den Augen, Ohren und anderen Sinnesorganen kommen. Das ist dir wahrscheinlich alles schon bekannt.

Andere Abschnitte des Gehirns sind Zwischenhirn, Mittelhirn, Kleinhirn und Nachhirn. Letzteres grenzt ans Rückenmark und ist unter anderem zuständig für den Lidschlussreflex, die Speichelproduktion sowie für Niesen, Husten und Erbrechen, außerdem auch für Reflexe, die dafür sorgen, dass wir beim Stolpern nicht hinfallen, sondern uns ohne großes Nachdenken auffangen können. Was in deinem Fall bekanntlich nicht funktioniert hat, denn du bist unkontrolliert gestürzt und auf den Kopf gefallen. Unmittelbar davor muss es demnach in deinem Nervensystem eine Art Kurzschluss gegeben haben, alle Hirnfunktionen waren innert Sekundenbruchteilen ausgeschaltet.»

«Ein Kurzschluss? Wie ein Stromausfall?»

«Ja, der Vergleich ist nicht falsch. Das menschliche Nervensystem besteht aus unzähligen Nervenzellen – wir sprechen von vielen Milliarden –, die unablässig Signale aufnehmen und an andere Nervenzellen oder Muskel- und Drüsenzellen weiterleiten. Entlang einer Nervenzelle werden die Signale elektrisch weitergeleitet. Die Geschwindigkeit solcher Signale erreicht bis zu 360 km/h. Diese Geschwindigkeiten sind erforderlich, weil beispielsweise die Signale vom Gehirn bis zur Beinmuskulatur eine relativ große Strecke zurücklegen müssen. Die Kontaktstelle zwischen zwei Nervenzellen ist die Synapse. Hier erfolgt die Übertragung des elektrischen Signals von einer Nervenzelle zur nächsten mit Hilfe von Botenstoffen, die auch als Transmitter bezeichnet werden. Die Funktion von Gehirn und Nervensystem basiert einerseits auf einer Weiterleitung von elektrischen Signalen, anderseits auch auf biochemischen Prozessen. Oft liegen die Ursachen neurologischer und psychiatrischer Erkrankungen in einer Störung der biochemischen Signalübertragung.»

«Ziemlich komplex. Hatte also mein Zusammenbruch irgendetwas mit der Verarbeitung solcher Signale zu tun?»

«Vielleicht – wirklich nur vielleicht, denn ich will nichts behaupten – ist es bei dir zu einer Reizüberflutung im Nervensystem gekommen. Dabei werden im Gehirn zu viele Botenstoffe ausgeschüttet, und es kann diese Reize nicht alle verarbeiten. Wir können die Szene nicht nachstellen, deine Erinnerungen, was unmittelbar vor deinem Herzstillstand passiert ist, sind ohnehin gelöscht. Ich schlage vor, dass wir diese Möglichkeit in Betracht ziehen und es erst einmal so stehenlassen.»

«Es stimmt, dass etwa vier Tage gelöscht sind, an die ich mich nicht mehr erinnern kann. Ich weiß nicht, wie ich nach Tenero fuhr und im Hotel eingecheckt habe. Ich werde über deine Vermutung nachdenken, dass eine Reizüberflutung im Nervensystem die Ursache gewesen sein könnte. Und ich bin dir sehr dankbar für die Zeit, die du dir für die vielen Gespräche mit mir genommen hast.»

«Nun, du wirst ja ab und zu für routinemäßige Kontrollen bei uns vorbeikommen müssen, und ich würde mich freuen, wenn wir uns bei solchen Gelegenheiten für einen Austausch treffen könnten. Außerdem interessiert es mich, wie du mit deinem Buch vorankommst.»

«Daran werde ich weiter arbeiten. Jetzt sind aber zuerst noch letzte Tage Reha und dann eine Ferienreise mit Lisa angesagt. Du wirst von mir hören.»

Vier Monate nach seinem Herzstillstand schrieb Beat in seinem Dankbarkeits- und Erfolgsjournal, dass er sich gesund fühle.

Ein Jahr danach

Im Sommer 2020 – Beat war schon seit ein paar Monaten wieder zurück im Berufsleben – lief er die acht Kilometer in Tenero bei guter Gesundheit auf der gleichen Strecke ab, wo sein Leben ein Jahr zuvor beinahe abrupt geendet hätte. Leute vom Bundesamt für Sport erkannten ihn sofort wieder und erinnerten sich noch gut an das Ereignis, das damals zum Abbruch der Swisscom Games geführt hatte.

Zurück in Lyss lud Beat am 21. Juni zu einem Erinnerungs- und Dankbarkeits-BBQ ein. Unter den Gästen waren der CEO Urs Schaeppi, Thomas Marfurt und Stefan Kilchenmann. Urs Lehner, im Jahr zuvor als Leiter des Bereichs Geschäftskunden direkt am Ort des Geschehens, zeigte Beat Fotos von der Unfallstelle in Tenero und des Rega-Helikopters, der auf dem Golfplatz einen Landeplatz gefunden hatte.

Von Thomas, seinem Lebensretter, erfuhr Beat, was sich damals zugetragen hatte: «Da das Golfturnier nur langsam voranschritt, warteten meine Kollegen und ich auf einer Bank, bevor wir auf Bahn 13 weiterspielen konnten. Die Strecke, auf der die anderen Sportler ihren Jogginglauf absolvierten, führte direkt durch den Golfplatz. Ich beobachtete, wie du als Läufer in unsere Richtung kamst, und gemeinsam feuerten wir dich mit Zurufen an. Du freutest dich darüber, doch die Anstrengung des Laufs und eine gewisse Müdigkeit waren dir anzusehen. Plötzlich fingst du an zu taumeln und hast nach einem Halt gesucht. Offenbar hast du das Bewusstsein verloren, fielst unkontrolliert rückwärts auf die Straße und schlugst mit dem Kopf auf dem harten Asphalt auf. Dieser Sturz war schockierend, und ich eilte sofort zu dir. Du lagst reglos am Boden, und ich schrie meinen Kollegen zu, sie sollten sofort Hilfe holen.

Du warst nicht ansprechbar, deine Augen waren weit geöffnet. Eine Schrecksekunde lang dachte ich, du seist tot, doch ich zwang mich, ruhig zu bleiben und nicht in Panik zu verfallen. Jede Sekunde zählte jetzt. Ich drehte dich auf den Rücken und begann sofort mit den lebensrettenden Maßnahmen, wie ich sie einst in einem Erstehilfekurs gelernt hatte. Zwischendurch schrie ich nach einem Defibrillator. Nach gefühlten fünf Minuten kam endlich ein Rettungssanitäter und bot an, die Herzdruckmassage zu übernehmen. Ein Polizeiauto mit zwei Polizisten traf als Nächstes ein. Die Polizisten bereiteten alles vor, um dich mit dem Defibrillator zu versorgen. Kurz darauf hörten wir den Rettungshubschrauber, der nach einer geeigneten Landestelle suchte.»

Beat war froh, endlich die Einzelheiten über seinen Aussetzer, der vor einem Jahr beinahe zu seinem Tod geführt hatte, zu erfahren. Die Ursache seines Herzstillstandes wird für ihn wohl immer ein Rätsel bleiben, denkt er, und er weiß, dass er Thomas für den Rest seines Lebens dafür dankbar sein wird, so rasch und so erfolgreich gehandelt zu haben.

Wieder im Berufsleben

Nach drei Monaten intensiver Rehabilitation war Beat bereit für seinen Wiedereinstieg ins Berufsleben. Während seiner Abwesenheit hatte Kollege Marc seine Position als Sales Director bei Swisscom hervorragend vertreten. Das ermöglichte Beat, seine Rolle als Verkaufsdirektor wieder aufzunehmen.

Jetzt sitzt er im Büro des CEO und bespricht mit ihm seinen Wunsch, in Frühpension zu gehen. Sie finden eine für beide Seiten akzeptable Lösung: Am 25. April 2022, Beats 62. Geburtstag, kann er in den Vorruhestand treten. Das ermöglicht ihm, während sechs Monaten einen Nachfolger zu suchen, sowohl intern als auch extern. Ein Aufhebungsvertrag wird erstellt, der vorsieht, dass Beat seinen Nachfolger drei Monate lang begleitet und einführt.

Nach einer intensiven Suche konnte schließlich ein interner Mitarbeiter als sein Nachfolger bestimmt werden: Daniel, eine Führungsperson, die die Unternehmenskultur von Swisscom bereits bestens kennt. Gemeinsam konzentrieren sich Beat und Daniel auf das Kundensegment Public und gestalten eine interessante Einführungsphase. Beat stellt in Kundengesprächen und Meetings mit Amtsdirektoren und Fachspezialisten Daniel als neue wichtige Kontaktperson vor.

Erinnerungen an Highlights

Nach 32 Jahren, während denen Beat es in die Führungsetagen des größten nationalen Telecom-Unternehmens geschafft hat, blickt er dem Ausstieg aus dem Berufsleben mit gemischten Gefühlen entgegen. Er freut sich auf die Frühpensionierung, und gleichzeitig ist ihm bewusst, dass er einen schweren Rucksack an Verantwortung loswird und von vielen liebgewonnenen Kolleginnen und Kollegen Abschied nehmen wird.

Des Öfteren denkt er an die Anfangsjahre seines beruflichen Werdegangs und staunt darüber, wie technische Entwicklungen in den letzten Jahrzehnten das Kommunikationsverhalten der Menschen nachhaltig verändert haben. Künstliche Intelligenz ist zum großen Thema geworden, und er fragt sich, wie sehr KI dereinst die Gesellschaft verändern wird. Gewisse Fragen, zum Beispiel die nach dem Sinn des Lebens, wird sich jeder auch in Zukunft individuell stellen müssen. Er freut sich, bald mehr Zeit für Themen und Fragen zu haben, die ihn beschäftigen.

In seinen verschiedenen Funktionen als Leiter des Distribution and Key Account Managements und später als einer der Verkaufsdirektoren bei Swisscom hatte Beat zwangsläufig viele Kontakte mit Persönlichkeiten aus Wirtschaft, Politik, Pressemedien und Fernsehen. Mit vielen von ihnen ist er immer noch in Kontakt, und aus manchen dieser Bekanntschaften entstanden freundschaftliche Beziehungen, die er auch im Ruhestand weiterhin pflegen wird. Die Gestaltung der Zeit nach seinem Austritt aus dem Berufsleben nimmt in seinem Denken bereits viel Platz ein. Für den Arbeitgeber unentbehrlich zu sein, war für ihn immer so etwas wie eine Selbstverständlichkeit. Jetzt, wo der Abschied von seinen Kolleginnen und Kollegen bevorsteht, ist er überzeugt, dass die Firma auch ohne ihn funktionieren wird. Das gibt ihm ein gutes Gefühl.

In den letzten sechs Wochen vor seinem Ausstieg ist er noch in einem Teilzeitpensum als Berater und Coach beschäftigt. Zwei Wochen vor seinem letzten Arbeitstag bittet ihn Daniel um eine Besprechung.

«Beat, du musst mir helfen!», beginnt Daniel das Gespräch. «Wir wollen deinen Abschied würdevoll gestalten, und dir ist hoffentlich klar, dass du nach mehr als dreißig Jahren in leitender Funktion in unserem Konzern nicht einfach still und leise durch die Hintertür verschwinden kannst», sagt er grinsend.

«Was habt ihr denn vor? Wegen mir müsst ihr jedenfalls kein Feuerwerk veranstalten», meint Beat.

«Warum eigentlich nicht?», erwidert Daniel lachend. «Nein, aber ein besonderer Anlass ist es schon, und ich habe die Aufgabe, ihn moderieren zu dürfen. Aber das ist leider nicht so einfach. Ich weiß, dass du in deinem Job unzählige spannende Momente erlebt hast, von denen du sicher während Stunden erzählen könntest. Ich habe vom HR ein paar Angaben bekommen, nur das Übliche, nichts wirklich Persönliches. Deshalb meine Bitte: Kannst du mir aus deinem Fundus an Erfahrungen ein paar Notizen oder Anekdoten aufschreiben, die dir besonders in Erinnerung geblieben sind?»

«Hm…, du hast recht, da käme Vieles zusammen. Ich mache dir einen Vorschlag: Ich schreibe auf, was mir in den Sinn kommt, und du suchst dir dann davon aus, was lustig oder interessant genug ist, erwähnt zu werden. Ist das für dich okay?»

Daniel ist erleichtert. «Super. Lass dich deswegen nicht stressen!»

Eigentlich eine schöne Aufgabe, denkt Beat, und eine nette Geste des Konzerns, einem langjährigen Mitarbeiter einen schönen Abschied zu bereiten. Und der gute Daniel macht sich Sorgen, dass mich das Zusammenstellen meiner Anekdoten stressen könnte. Es ist wirklich an der Zeit, zu gehen.

Drei Tage später übergibt Beat seinem Nachfolger eine Mappe mit fünfzig vollgeschriebenen A4-Seiten und Dokumenten. «Pick dir heraus, was du willst! Alles wirst du nicht brauchen können, sonst wird den Anwesenden das Gesicht einschlafen.»

«Wow!», staunt Daniel. «Daraus könnte man ja ein Buch machen.»

«Du musst abschätzen, was in etwa zehn Minuten Redezeit Platz hat. Mehr würde ich dem Publikum nicht zumuten wollen. Die Leute freuen sich ja hauptsächlich auf den anschließenden Apéro», empfiehlt Beat.

Das bedeutet Überstunden, seufzt Daniel, als er anfängt, sich in Beats Dokumentation zu vertiefen.

Zur richtigen Zeit am richtigen Ort

Beat ist im Laufe seines Lebens privat und beruflich vielen Menschen begegnet, die schweizweit und zum Teil darüber hinaus bekannt waren oder immer noch sind. Zum Ausstieg aus seinem Berufsleben hatte er Daniel einige Anekdoten von solchen Begegnungen übergeben im Bewusstsein, dass an der Abschiedsfeier eines Mitarbeiters aus Zeitgründen nicht alles bis ins Detail erzählt werden kann, was dieser im Laufe seiner Karriere erlebt hat. Er hat es seinem Nachfolger überlassen, ein paar Highlights herauszupicken.

Dank an Thomas

Zur richtigen Zeit am richtigen Ort zu sein, hat zwar viel mit Zufall zu tun, kann aber manchmal für den weiteren Verlauf eines Lebens entscheidend sein. Wenn Beat auf seine letzten mehr als dreißig Berufsjahre zurückblickt, sieht er sich zuerst im Jahr 1990 als Mitarbeiter in der Generaldirektion PTT, der Schweizerischen Post-, Telegrafen- und Telefonverwaltung. 1997 wurde nach Inkrafttreten des neuen Postorganisationsgesetzes (POG) und des neuen Telekommunikationsunternehmungsgesetzes (TUG) der Schweizer Telekommunikationsmarkt dereguliert. Die Schweizerische Post erhielt die Rechtsform einer öffentlich-rechtlichen Anstalt, und die Swisscom entstand nach dieser Aufteilung im Oktober des gleichen Jahres in der Rechtsform einer Aktiengesellschaft, die dann teilprivatisiert wurde.

Beat war in den Jahren 1994/95 für den Aufbau und die Organisation des Bereichs Sales and Marketing für das internationale Unternehmen Unisource Business Network zuständig, das damals zu Teilen der Telecom gehörte. Als solcher wurde er verantwortlich für die Abwicklung der Geschäfte mit den drei wichtigsten Großkunden, und einer dieser Kunden war ABB in Baden. Nach seinem späteren Wechsel zu Swisscom konnte er Thomas Marfurt als seinen Nachfolger für die Betreuung von ABB einarbeiten. Es war derselbe Thomas, der acht Jahre später, als Beat in Tenero seinen Herzstillstand erlitt, die ersten lebensrettenden Maßnahmen vornahm. Ohne dessen schnelles Eingreifen gäbe es Beat heute nicht mehr. Es war Thomas, der damals zur richtigen Zeit am richtigen Ort war.

Der Uhrenkönig

Mitte der 1990er-Jahre, als Beat bereits Leiter des Bereiches Datennetze der Telecom-Generaldirektion war, bahnten sich turbulente Zeiten an.

Anfang der 1990er-Jahre waren die europäischen Telecom-Gesellschaften noch «Freunde» und trafen sich regelmäßig für einen koordinierten Wissensaustausch. Es wurde fleißig an der abgestimmten Einführung einer grenzübergreifenden ISDN-Strategie gearbeitet. Beat war an diesen Meetings als Assistent des gewählten Vorsitzenden Pierre Lässer immer dabei. Pierre war gleichzeitig sein Teamchef in der Schweiz und benötigte einen Assistenten, der Englisch konnte und ihn auch in den technischen und organisatorischen Aufgaben entlastete. So reiste Beat jeweils wochenweise von Norwegen bis Zypern und von Ungarn bis nach Irland in alle europäischen Länder.

Als aber die Liberalisierungswelle langsam in Fahrt kam, wurde die internationale Marketinggruppe von Telecom-Experten aufgelöst, und Firmen, die privat organisiert waren, wurden Konkurrenten.

Eine neue herausfordernde Zeit brach an. Die Telecom PTT hatte sich auch neu ausgerichtet und organisiert. Die Kunden bestellten nicht mehr einfach gemäß Tarifliste, sondern bei größeren Bestellungen musste vorher eine Offerte ausgearbeitet werden. Der Telecom-Beratungsbereich wurde ins Leben gerufen, und Berater wurden zu Key Account Managern ausgebildet. Beat konnte viel Neues lernen und sich weiterentwickeln.

Nun verlangten die großen Kunden, die viele Datennetzleistungen einkauften, einen Ansprechpartner, der dann im Bedarfsfall mit einem Team eine entsprechende Offerte einreichte.

Die internationale Uhrenfirma Swatch Group mit den Marken Omega, Rado, Blanchpain, Breguet, Longines und vielen anderen hatte großen Bedarf, ihre Fabriken, Standorte und Partner rund um den Erdball untereinander zu vernetzen.

Bei solchen Kunden war es Beats Aufgabe, die sogenannten Executive Meetings zwischen den Präsidenten/CEOs vorzubereiten und mit den Stabsabteilungen und dem Einkauf abzustimmen.

Beat hatte alles vorbereitet und reiste mit dem damaligen Telecom-Chef Tony Reis zum bekannten Uhrenkönig Nicolas G. Hayek in Biel. Sie wurden im obersten Stock vom Patron Hayek persönlich empfangen. Zuerst gab es den freundlichen präsidialen Smalltalk, bevor man auf das Geschäft zu sprechen kam. Hayek und Reis waren sich einig, dass die neue Liberalisierung im weltweiten Telecom-Markt für alle Beteiligten positive Auswirkungen haben werde.

Beat verhielt sich während dieses Gesprächs eher zurückhaltend und war im Modus des aktiven Zuhörens. Bis dann plötzlich Hayek direkt Beat in die Augen sah, eine Pause machte und ihn fragte: «Was meinen Sie zur aktuellen Geschäftssituation und den Netzleistungen, die wir jetzt und in Zukunft für unser internationales Netzwerk einkaufen und betreiben?»

Diplomatisch und mit einem Lächeln antwortete Beat, dass die allgemeine Lage sich positiv entwickle, aber es gebe eine Geschäftssituation, die ihn beunruhige.

Hayek war direkt und authentisch, wie man ihn kannte, und meinte sofort: «Dann sagen Sie mir bitte, was Sie beunruhigt!»

Beats Chef machte große Augen, wartete aber gespannt, was sein Assistent nun antworten würde.

Beat musste nicht lange überlegen und verblüffte seinen Vorgesetzten : «Vor zwei Monaten hat uns die Einkaufsabteilung der Swatch Group mit ihren Informatikexperten angefragt, wie ihr neues weltweites Datennetz ausgebaut werden könne. Telecom PTT hat offeriert, und wir haben die Rückmeldung bekommen, dass die Konkurrenzofferte von France Telecom Global One günstiger und besser sei. Das ist der Grund meiner Sorge.»

Hayek legte seine Denkerstirn in Falten und sagte, dass er von diesem Geschäft keine Kenntnis habe. Aber er frage gleich nach. Spontan, wie es typisch war für ihn, nahm er den Hörer seines Komfortgeräts in die Hand und forderte seine Assistentin auf, den Einkaufschef ans Telefon zu holen. Nach einer Minute war dieser dran, und Hayek fragte ihn nach dem Stand der Verhandlungen mit dem Telecom-Partner für ihr neues weltweites Datennetz.

Was genau geantwortet wurde, haben Beat und Tony Reis nicht mitbekommen. Aber sie hörten, wie Hayek am Ende des Gesprächs den Einkaufschef anwies, mit der Unterzeichnung des Vertrags mit der France Telecom bitte zu warten, bis er persönlich sein Okay erteile. Die Telecom Schweiz werde eine neue Offerte einreichen, und erst dann werde entschieden.

Das war eine klare Durchsage, und Tony Reis bekam eine Chance, das internationale Prestigegeschäft doch noch in der Schweiz behalten zu können. Hayek erwähnte nur, dass er gerne bald diese neue Offerte erhalten wolle und dass er sich immer für ein Schweizer Unternehmen entscheide, wenn es mit der Konkurrenz mithalten könne. «Ich bin auch ein Schweizer», sagte er.

Beat war nicht nur zur richtigen Zeit am richtigen Ort, sondern hat auch die Chance genutzt, die sich ihm bot.

Wenn du eine Trumpfkarte hast, nutze sie im richtigen Moment! Wenn du bei einer Verhandlung Vorteile für beide Seiten erkennst, kannst du mit Argumenten überzeugen.

Beat und Tony Reis waren erstaunt, wie in diesem großen internationalen Uhrenkonzern wichtige Entscheidungen vom obersten Chef patriarchalisch gefällt werden. Aber für sie war das positiv, und sie packten die neue Chance. Nach dem Einreichen einer optimierten Offerte bekamen sie den lukrativen Auftrag von der Swatch Group.

Als dann ein Jahr später das neue Netz weltweit in Betrieb genommen wurde, waren Besuche bei den Standorten der Swatch Group in Kanada, USA, Asien und Fernost gewünscht. Diese Besuche hat Beat zusammen mit den Verantwortlichen für Installation und Inbetriebnahme des weltumspannenden Datennetzes wahrgenommen.

Ein paar Jahre später: Telecom/Swisscom hat pro Jahr immer drei bis vier Sales- und Marketingmeetings in allen Schweizer Landesteilen organisiert. Dazu wurden oft auch Kunden eingeladen, die direkt aus ihren Erfahrungen mit Telecom/Swisscom berichten sollten.

Als Beat von der Event-Organisation angefragt wurde, ob in der Region Bern/Biel eine Persönlichkeit aus Wirtschaft oder Politik bereit wäre, aufzutreten und über Erfahrungen zu berichten, schlug er vor, Nicolas Hayek anzufragen. Organisation und Geschäftsleitung willigten ein und erteilten Beat den Auftrag, sich mit seinem Vorschlag direkt an Hayek zu wenden.

Der Patron des Swatch-Konzerns sagte prompt zu, im Auditorium des neuen Telecom/Swisscom-Gebäudes aufzutreten. Der angekündigte Auftritt des Uhrenkönigs aus Biel ließ die Medien aufhorchen. Auch das Schweizer Fernsehen wollte diesen Event begleiten und abends in der «Rundschau» präsentieren.

Beat hatte die Aufgabe, diesen Auftritt mit Hayek und seinem Führungsstab vorzubereiten. Pflichtbewusst nahm er den Auftrag an, doch dazu musste er zuerst Hayeks Okay einholen, weil das Fernsehen mit von der Partie war. Im Gespräch mit dem Unternehmer sagte dieser zu, aber unter der Bedingung, dass Beat ihn vom Swatch-Hauptsitz bis zum Gebäude der Swisscom, das einen Kilometer entfernt war, begleiten würde. Diesem Wunsch entsprechend hat Beat den Patron der Swatch auf seinem Spaziergang mitten durch die Stadt begleitet. Hayeks unbekümmerte Art, den Leuten auf der Straße zu begegnen, hat Beat imponiert.

Sie gelangten ohne Zwischenfall zum Gebäude der Telecom/Swisscom, wo Hayek von hundert Sales-Experten, Verkaufsdirektoren und natürlich dem damaligen Swisscom-Chef Tony Reis erwartet wurde. Das Fernsehen und viele Journalisten waren anwesend.

Das Lotteriegeschäft

Im Jahr 1999, als die Swisscom die Herausforderung annahm, alle 3500 Kioske in der Schweiz mit Datennetzleistungen zu vernetzen, befand sich die Lottoindustrie noch in einer Zeit des manuellen Ticketausstellens. Die Papierformulare aus der ganzen Schweiz mussten per Post an die zentrale Lottostelle geschickt werden, wo sie weiterverarbeitet und die Gewinner ermittelt wurden.

Die Eidgenössische Bankenkommission (EBK, heute FINMA) setzte strenge Auflagen bei der Entgegennahme von Geld, und es musste eine sichere Lösung zur Digitalisierung gefunden werden, damit die Lottozettel verbindlich ausgefüllt und eingereicht werden konnten. Beats spontane Idee, für die Swisscom eine Bankenlizenz zu beantragen, wurde von CEO Jens Alder abgelehnt, um Konflikte mit den Großbanken zu vermeiden.

Beat schlug dann vor, das Problem mithilfe von Blue Window und dessen Gründer Peter Rudin zu lösen. Peter wurde ins Projektteam berufen und zeigte mögliche Varianten auf, wie sich die Digitalisierung bewerkstelligen ließe.

Peter Rudin:

«You have to think big! Sie schaffen es im Internet nicht, wenn Sie einfach in kleinen Dimensionen denken. Sie müssen die Nummer eins, zwei oder drei sein. Und wenn Sie groß denken, brauchen Sie groß Geld.»

> Der 59 Jahre alte Schweizer Peter Rudin weiß, wovon er spricht. 14 Jahre Lehrlingszeit benötigte der ehemalige Manager, bevor er den Gang an die Börse wagte. Im August dieses Jahres soll sein Unternehmen UPAQ als Aktiengesellschaft an den Start gehen – sein Geschäft: der elektronische Handel. Sein Ziel: Erlöse im dreistelligen Millionenbereich.
>
> Vom Kleinunternehmer zum Mittelständler: Peter Rudin hat mit dem Internet ein Sprungbrett für seine späte Unternehmerkarriere gefunden.
>
> Aus dem Archiv von Deutschlandfunk, 12.3.2000

Schließlich wurde im März des folgenden Jahres der Vertrag unterzeichnet. Diese Basis legte den Grundstein für die Digitalisierung von Swisslos in Basel, die heute zu achtzig Prozent digital ist. Blue Window gibt es seit 2005 nicht mehr, den Markennamen «bluewin» führt die Swisscom als E-Mail-Plattform weiter.

Weil Beat für die Geschäfte der Swisscom mit dem Schweizer Fernsehen und dem Lotteriegeschäft bei der Sendung «Benissimo» verantwortlich war, kam er in Kontakt mit verschiedenen der bekannten SRF-Akteure. Beat und seine Ehefrau wurden vom damaligen Direktor von Swisslos, Dieter Ryffel, des Öfteren in die Sendung eingeladen und konnten im Studio 1 in der ersten Reihe die Sendung live mitverfolgen und zuschauen, wie der beliebte Moderator Beni Thurnheer («Beni national») Anrufe von TV-Zuschauern entgegennahm, die eine der farbigen Kugeln auswählen durften, in denen sich schöne Gewinne verbargen.

Das Meteodach

Für die Meteorologinnen und Meteorologen, die im Anschluss an die «Tagesschau» jeweils die Wetterprognosen moderieren, hat sich das Schweizer Fernsehen etwas Besonderes ausgedacht: das Meteodach. Es befindet sich zuoberst auf dem Dach des Hochhauses von SRF, wo die Wetterpropheten Regen, Schnee und Wind ausgesetzt sind. SRF Meteo wurde zu einer der beliebtesten Sendungen des Schweizer Fernsehens.

Beat hatte anlässlich seiner Besuche beim SRF mehrmals Gelegenheit, mit Sandra Boner und Christoph Siegrist das Meteodach zu besuchen. Mit Sandra ist er heute noch freundschaftlich verbunden. Beide erinnern sich gerne lachend an einen Event auf dem Thunersee. Swisscom hatte zu einem Symposium für Großkunden eingeladen, per Schiff ging die Fahrt von Interlaken nach Thun. Zur Unterhaltung der Gäste waren witzige Vorführungen geplant, zum Beispiel die Wetterfee Sandra Boner, die den Mitreisenden live die örtliche Wetterlage erklären sollte.

«Du bist eine sportliche Frau. Könntest du auch im Kopfstand und bei hohem Wellengang deine Prognose durchgeben?»

«Warum nicht?», lachte Sandra. «Ich kann es ja versuchen!»

Und sie tat es mit Bravour, die Gäste waren begeistert.

An einem andern Symposium der Swisscom hat Kurt Aeschbacher vom Schweizer Fernsehen der exklusiven Gästeschar in Interlaken nach Besteigen des Dampfschiffs «Blümlisalp» erklärt, was in fünf Minuten vom Schiff aus zu sehen sein werde. Aeschbacher hatte den Auftrag, die Moderation des Anlasses auf unterhaltsame Art zu führen.

Das Schiff fuhr an, und Aeschbacher wies auf ein Auto am Ufer hin. Über Lautsprecher verkündete er, dass Frank Rinderknecht von Rinspeed allen zeigen werde, wie ein Auto von der Straße auf den See fahren und zu einem Boot würde. Es kam eine Stimmung auf wie bei einem James-Bond-Film. Agent 007 hatte auch schon vorgeführt, wie er mit dem Auto ins Wasser abtaucht und anschließend zurück an den Strand fährt. Beim Herausfahren aus dem Wasser hatte Roger Moore alias James Bond noch einen Fisch, der irgendwie ins Auto gelangt war, zurück ins Meer geworfen.

Das Auto fuhr langsam in den See, und schon nach wenigen Metern schwamm es auf dem Wasser wie ein Boot. Frank Rinderknecht winkte aus dem Fenster den lachenden und applaudierenden Leuten auf dem Schiff zu. Eine fröhliche Stimmung stellte sich ein, als die «Blümlisalp» Kurs auf Thun nahm, wo das Galadiner geplant war. Frank Rinderknecht fuhr das Auto zurück ans Ufer und auf der Straße dann ebenfalls nach Thun, um beim Abendevent dabei zu sein.

Emotional Selling

Im Zeitalter der Digitalisierung ist besonders ein Telecomunternehmen gefordert, bei der Einführung neuer Technologien nicht nur mit der

Konkurrenz Schritt halten zu können, sondern eine führende Rolle zu übernehmen. Das ist einerseits eine Frage der fachlichen Kompetenzen, was die Entwicklung eines Produktes betrifft, anderseits auch eine nicht unwichtige Frage der sozialen Kompetenz, was dessen Vermarktung angeht.

Beim Stöbern nach Literatur zum Thema soziale Kompetenz kamen Beat die Bücher «Emotionale Intelligenz» von Daniel Goleman und «Vertrauen gewinnen» von Harry Holzheu (†) in die Hände. Beide schreiben über emotionale Kompetenz und emotionale Intelligenz (EQ), und beide sind sich einig, dass der EQ für erfolgreiche Strategien beim Vermarkten mindestens so wichtig ist wie der IQ.

Das hat Beat – der bei wichtigen Entscheidungen immer wieder erfolgreich auf seinen inneren Kompass hört – eingeleuchtet. Er fand bestätigt, wovon er stets überzeugt war.

Holzheu war als Unternehmensberater international bekannt; Beat war zu dieser Zeit Leiter eines Verkaufsteams in Basel und Biel. Er suchte nach einem Coach, der Holzheus Theorien auf kompetente Weise vermitteln könnte. Warum nicht Holzheu direkt fragen, ob er Interesse hätte? Zu dessen Kunden zählten Firmen von Weltruf wie ABB, Bund, Armee, ETH, Bosch, UBS, Daimler-Chrysler, Lotto-Gesellschaften, IBM und Nestlé.

Beat besuchte einen von Holzheus Vorträgen und wusste hinterher, dass dieser der Coach war für sein Team. Beats Vorschlag wurde bewilligt. Nach Terminabstimmungen und der Bereitstellung von Kursräumen in Basel und Bern konnte es losgehen. Beat entwickelte mit Holzheu ein Seminarheft, das den Teilnehmenden abgegeben wurde. Er und Holzheu wählten einen einfachen Titel: Wer nicht lächeln kann, macht kein Geschäft. Emotional Selling.

Die Kursteilnehmer waren begeistert. Harry Holzheu und seine überzeugende Art, Wissen zu vermitteln, wirkten äußerst motivierend und sind unvergessen geblieben.

Beat blieb danach noch lange in Kontakt mit Harry Holzheu, der im September 2021 verstorben ist.

Künstliche Intelligenz
In den letzten Jahren seines Berufslebens nahm Beat als Verantwortlicher für Großkunden des Telecomkonzerns eine beschleunigte Entwicklung für die Anwendung von künstlicher Intelligenz in Bereichen wahr, für die bisher Menschen mit hoher Qualifikation und Spezialwissen zuständig gewesen waren. Dabei geht es nicht mehr «nur» um das Sortieren, Verpacken und Spedieren von Produkten, sondern um computergesteuerte Strategien und Entscheidungen.

Computerprogramme besiegen heute die weltbesten Schachspieler und übersetzen lange Texte aus einer Fremdsprache innert weniger Sekunden in eine beliebige andere Sprache.

Auch mit ChatJPT hat Beat erste Erfahrungen gemacht und war beeindruckt von der schnellen und präzisen Antwort auf Fragen, die er dem Programm gestellt hatte.

Ob künstliche Intelligenz vorhanden ist, erkennt man daran, dass ein Fragesteller nicht unterscheiden kann, ob ein Mensch oder eine Maschine die Antworten formuliert.

Selbstfahrende Autos
Beat hatte mit Stefan Kilchenmann einige Politiker (National- und Ständeräte) eingeladen, um sie auf die neuen selbstfahrenden Autos vorzubereiten. Im Mai 2015 sollte das erste umgebaute Auto, ein VW Passat, von der Firma Autonomos in Berlin, bereitgestellt und auf Zürcher Straßen getestet werden. Dafür brauchte es eine Ausnahmebewilligung des UVEK, die Beat in vielen Gesprächen vorbereitet hatte und die von der damaligen Bundesrätin Doris Leuthard schließlich unterzeichnet wurde.

Vom 4. bis 14. Mai steuerte sich das Auto für Testfahrten selbst durch die Stadt Zürich. Zur Sicherheit saßen Spezialisten, die im Notfall eingegriffen hätten, hinter dem Lenkrad. «Ich war begeistert von der gestrigen Fahrt», sagte der Swisscom-Geschäftsleiter Christian Petit.

Das autonome Fahren ist rein technisch gesehen heute möglich, doch die Technik aufseiten der Autohersteller und die Rechtslage auf Seite der Gesetzgebung sind komplexer als gedacht. «Bis selbstfahrende Autos bei uns im Straßenverkehr zugelassen werden, wird es noch Jahre dauern», erfuhr Beat von einem Experten der Firma Autonomos.

KI im praktischen Alltag

In Gesprächen mit IT-Experten und Entscheidungsträgern in den Bereichen Wirtschaft und Politik über die Möglichkeiten von künftigen KI-Anwendungen in der industriellen Produktion und im Dienstleistungssektor konnte Beat sich ein Bild darüber machen, wie Automatisierungsprozesse in den nächsten Jahren zunehmend unser Privatleben und Arbeitsplätze verändern werden.

Auch in seiner unmittelbaren Arbeitsplatzumgebung wurde Beat mit KI konfrontiert: Sam, der digitale Assistent der Abteilung Data Analytics and AI, sorgt dafür, dass die Gespräche mit den Kunden auf die natürlichste Art und Weise ablaufen, rund um die Uhr und unabhängig vom Kanal – sei es am Telefon, im Chat, per E-Mail oder in einem guten alten Brief.

Stephen Hawking (†):
Ob die Maschinen irgendwann die Kontrolle übernehmen werden, wird die Zukunft zeigen. Was aber bereits heute klar ist: Maschinen werden die Menschen zunehmend vom Arbeitsmarkt verdrängen.

*

Nach einer schönen und stimmigen Abschiedsfeier in einem kleineren Kreis Ende April 2022 und nach 32 Jahren bei Telecom, Unisource und Swisscom, beendet Beat mit 62 Jahren seine spannende Berufslaufbahn.

Der Kompass des Lebens

Beat und Lisa sind gerade von einer Ferienreise nach Ägypten zurückgekehrt. Am Flughafen Zürich erinnert ihn Lisa: «Vergiss nicht, dass du übermorgen einen Termin im Inselspital hast!»

«Ich weiß», antwortet Beat. «Die üblichen Checks. Ich werde Phil fragen, ob wir uns danach auf einen Kaffee treffen können.»

Seit Beat aus dem Berufsleben ausgestiegen ist, haben er und Phil sich alle paar Monate getroffen.

Der Faktor Zufall

Die beiden begrüßen sich in der Cafeteria des Inselspitals wie alte Freunde. «An das nasskalte Wetter hier muss ich mich erst wieder gewöhnen», lacht Beat, als sie sich setzen. «Aber ich bin zuversichtlich, dass die Checks heute Morgen gut ausgefallen sind. Hast du vielleicht die Ergebnisse mitbekommen?»

«Ja, du musst dir keine Sorgen machen. EKG, EEG, Blutdruck, Blutfett, Cholesterin, Ultraschall: alles normal. Du bist eben ein Glückspilz», grinst Phil.

«Das höre ich gern. Ich hatte schon so oft Glück im Leben, dass ich mich manchmal frage, ob das alles auf Zufall beruht oder ob es damit zu tun hat, dass ich an das Gesetz der Anziehung glaube. Was denkst du als Wissenschaftler darüber?»

«Du stellst schon wieder Fragen, die nicht so einfach zu beantworten sind», lächelt Phil und nimmt einen Schluck von seinem doppelten Espresso. «Ich habe deine bisherige Lebensgeschichte gelesen, und da erwähnst du an mehreren Stellen dieses Gesetz der Anziehung. Natürlich befassen sich auch Neurologen wie ich und vor allem die Psychologen mit diesem Thema, und in der Esoterikliteratur gibt es zahllose Bücher darüber, die oft richtige Verkaufsschlager werden. Aber wenn du mich fragst: Von einem Gesetz würde ich in diesem Fall als Wissenschaftler nicht reden, eher von einem Grundsatz. Ja, es ist erwiesen, dass bei der Lösung eines

Problems eine positive Einstellung eher zum Erfolg führt als eine skeptische oder negative Denkweise. Das ist in vielen Studien belegt worden.»

«Also bist du auch der Meinung, dass positives Denken Glück und Erfolg anzieht, nicht wahr?»

«Grundsätzlich ja, aber Glück und Erfolg kann man nicht automatisch erreichen, indem man allem gegenüber einfach positiv eingestellt ist und sich dauernd etwas Gutes wünscht. Das wäre wirklich zu einfach und naiv. Aber man kann Glück und Zufall ein wenig beeinflussen.»

«Wie meinst du das? Mit Manipulieren?»

«Ich gebe dir ein Beispiel. Ein Kollege von mir, Professor Christian Busch von der New York University, auch Neurologe, war kürzlich in der Schweiz und hat von Studien zum Thema Zufall erzählt. Unter anderem auch von einem Experiment, das britische Psychologen mit Menschen durchführten, die sich entweder als Glückspilz oder als Pechvogel bezeichneten. Von jeder Gruppe wählten sie einen Probanden und gaben ihm einen einfachen Auftrag: Er sollte die Straße runtergehen und sich am Ende dieser Straße in ein Café setzen. Was sie den Probanden nicht sagten: Auf dem ganzen Weg und im Café gab es versteckte Kameras. Kurz vor dem Café legten sie einen Geldschein auf den Boden. Drinnen gab es einen einzigen freien Platz an einem Tisch, an dem ein erfolgreicher Geschäftsmann saß.»

«Spannend. Was kam dabei heraus?»

«Der Glückspilz geht die Straße runter, sieht den Geldschein, hebt ihn auf und schaut sich um. Kein Mensch interessiert sich für ihn. Er geht ins Café, fragt den Geschäftsmann, ob der Platz neben ihm frei sei und setzt sich. Er beginnt ein Gespräch, und bald tauschen sie ihre Visitenkarten.»

«Und der Pechvogel?»

«Der geht den gleichen Weg, sieht den Geldschein nicht, setzt sich im Café an den einzigen freien Platz neben den Geschäftsmann, ohne ihn anzusprechen. Fertig. Danach wurden beide Probanden gefragt, wie ihr Tag verlaufen sei. Der Glückspilz sagte: Super, ich habe auf der Straße zufällig einen Geldschein gefunden und einen spannenden Menschen getroffen. Der Pechvogel sagte: Nichts passiert heute.»

Beat grinst. «Ein schönes Beispiel. Achtsamkeit und Offenheit als gute Voraussetzung, Chancen zu erkennen, wenn sie sich dir bieten.»

«Genau. Wir unterscheiden das blinde vom aktiven Glück. Blindes Glück kannst du nicht beeinflussen, zum Beispiel die Ziehung der Lottozahlen oder die Familie, in die du hineingeboren wirst, da reden wir von sozialer Ungerechtigkeit. Das aktive Glück besteht aus dem Zusammenspiel von Zufall und menschlichem Handeln. Dabei kommt es darauf an, ob du empfänglich für eine zufällig gemachte Entdeckung bist, die du zu deinem Vorteil nutzen kannst.»

Aktives Glück: die Fähigkeit, offen für unerwartete Entdeckungen zu sein, ohne sie aktiv zu forcieren.

«In deinen Notizen und Berichten habe ich mehrere Beispiele gefunden, wo du buchstäblich über solche Gelegenheiten gestolpert bist», sagt Phil. «Zum Beispiel während deiner Lehre, wo du mit einer Sekretärin ins Gespräch kamst, die dir dann die Adresse ihres Bruders verriet, der in Australien auf Goldsuche war. Das war der Anstoß zu deiner ersten Abenteuerreise. Oder deine erste Begegnung mit Nicolas Hayek, wo du als Begleiter deines damaligen Vorgesetzten im richtigen Moment die richtige Bemerkung gemacht hast, die dazu führte, dass der Leiter des Uhrenkonzerns euch einen Großauftrag zugeschanzt hat. Alles reiner Zufall?»

«Nein», antwortet Beat. «Ich habe mir solche Vorkommnisse mit dem Gesetz der Anziehung erklärt. Positiv denken, verstehst du?»

«Ich verstehe. Nenne es, wie du willst. Ich denke dabei an einen unserer Burn-out-Patienten, einen schwierigen Fall.»

Phil schaut an die Decke und scheint nachzudenken, wie er fortfahren soll.

«Inwiefern schwierig?», fragt Beat vorsichtig.

«Nun ja, wir haben zunehmend mehr Patientinnen und Patienten mit Burn-out-Erkrankungen, denen wir zur Behandlung verschiedene Therapien anbieten. Damit machen wir mehrheitlich positive Erfahrungen und können die Betroffenen Schritt für Schritt aus ihrem Tief begleiten. Das braucht Zeit und Geduld von beiden Seiten. Wir wissen heute viel mehr über Ursache und Wirkung solcher Erkrankungen und finden in der Regel die richtige Methode, auf die die Betroffenen ansprechen.»

«Aber offenbar nicht immer. Du sprichst von einem schwierigen Fall...»

«Richtig. Ein intelligenter Mann, Jahrgang 1962, also zwei Jahre jünger als du. Vielleicht kennst du ihn sogar…»

«Hm…, kaum. Wie kommst du darauf?»

«Er heißt Markus Hofmann, ein Berner, der vor etwa vierzig Jahren nach Indien ausgewandert ist – nach Goa. Vor fünf Jahren ist er in die Schweiz zurückgekommen, hat Arbeit gesucht und kam nicht zurecht damit. In deinen Reisebeschreibungen habe ich von einem Markus gelesen, den du auf deiner Indienreise kennengelernt hast.»

Beat fasst sich mit der Hand an die Stirn und schließt einen Moment die Augen. Markus Hofmann? An den Nachnamen kann er sich nicht erinnern, aber an einen Markus, mit dem er in Goa über Gott und die Welt philosophiert hat. «Ja, könnte sein», sagt er zögernd.

«Jetzt wären wir wieder beim Zufall. Du könntest ihn treffen, wenn du interessiert bist. Fühl dich aber nicht verpflichtet, vielleicht ist das Ganze nur ein Irrtum und der Mann nicht derjenige, den du vor über dreißig Jahren getroffen hast.»

«Ich tu dir den Gefallen gern», erwidert Beat. «Aber erwarte bitte nicht, dass ich als Therapeut komme oder etwas aus dem Hut zaubern könne, um diesen Markus aus seinem Tief zu holen.»

«Danke, Beat. Ich weiß das zu schätzen und werde es dem Zufall überlassen, wie Markus reagiert. Hast du noch ein paar Minuten Zeit? Der Mann sitzt nämlich dort drüben am Tisch und wartet auf ein Gespräch mit mir, für das ich ihn um drei Uhr nachmittags in die Cafeteria bestellt habe. Sorry, wenn ich dich damit überfalle, aber die Idee, dich mit ihm bekanntzumachen, ist mir soeben erst gekommen. Du kannst jetzt immer noch ablehnen, spontan mitzumachen.»

Beat ist überrumpelt und weiß nicht, ob er sich ärgern oder spontan auf Phils Vorschlag eingehen soll. «Das ist ziemlich schlitzohrig von dir», sagt er schließlich lachend. «Ich glaube, du machst mich gerade zum Probanden bei einem deiner Experimente. Aber gut! Ich mache mit bei deinem Versuch!»

Markus war mit Lesen in der «Berner Zeitung» beschäftigt und schaut überrascht zu den beiden Männern hoch, die an seinen Tisch gekommen sind. «Äh, grüezi Herr Koch», sagt er und mustert dann den Mann, der neben dem Professor steht.

Phil reicht ihm die Hand und stellt ihm Beat vor: «Beat Bongni war vor zwei Jahren nach einem Unfall für längere Zeit im Inselspital stationiert, und seither treffen wir uns ab und zu hier in der Cafeteria, um uns ein wenig auszutauschen. Dabei kamen wir auf seine früheren Reisen zu sprechen, und ich habe erfahren, dass er vor etwas mehr als dreißig Jahren Indien besucht hat. Zu einer Zeit also, als Sie schon eine Weile dort gelebt hatten, in Goa, genauer gesagt. Weil Beat gerade hier ist und ich zufällig mit Ihnen heute einen Termin habe, kam mir die Idee, euch miteinander bekanntzumachen.» Er schaut zu Beat und sagt: «Beat, das ist Markus Hofmann, er ist vor vierzig Jahren nach Indien ausgewandert, und jetzt versucht er, in der Schweiz wieder Fuß zu fassen.»

Beat begrüßt Markus mit einem breiten Grinsen. «Hallo Markus, freut mich. Ich weiß nicht, ob wir uns zufällig schon einmal begegnet sind…» Tatsächlich zweifelt Beat, ob es sich bei seinem Gegenüber um den gleichen Mann handelt, mit dem er vor vielen Jahren in Goa über den Sinn des Lebens philosophiert hatte. Von Markus' kräftiger Gestalt mit breiten Schultern und dem Hippiestyle ist jedenfalls nicht viel übrig geblieben. Markus' Haare sind ergraut und kurz geschnitten, die schwarz geränderte Brille mit getönten Gläsern lässt ihn ein paar Jahre älter aussehen als er ist, denkt Beat.

«Hallo Beat. Ähm, ich weiß auch nicht, ob wir uns kennen», antwortet Markus unsicher.

«Mitte der 80er-Jahre», hilft Beat nach. «Lisa, meine Frau, war auch dabei.»

«Ach ja, ich erinnere mich vage. Ihr wart Touristen, und du wolltest wissen, warum ich nach Indien ausgewandert bin.»

«Richtig. Du sagtest damals, dass es dir in der Schweiz zu eng geworden sei, du hattest genug von der Bünzlihaftigkeit und dem materiellen Denken der Schweizer und habest in Indien dein Glück und ein erfülltes Leben gefunden. Warum denn nur, wenn ich fragen darf, bist du wieder zurückgekommen?»

«Das ist eine lange Geschichte. Warst du seither wieder in Indien?»

Beat schüttelt den Kopf.

«Die Gesellschaft hat sich in den letzten dreißig Jahren extrem verändert, vor allem in Indien. Die Unterschiede zwischen Armut und Reichtum waren besonders in Indien schon immer groß, jetzt sind sie riesig. Das materielle Denken, das du ansprichst, ist heute in Indien genauso verbreitet wie hier. Als mir allmählich das Geld ausging, blieb mir praktisch keine andere Wahl, als wieder nach Hause zu reisen. Als arbeitsloser Ausländer ohne Geld hast du in Indien schlechte Karten.»

«Und dann? Du warst mal Banker, wenn ich mich richtig erinnere.»

«Genau. Ich wurde nach der Rückkehr in die Schweiz wieder zum Bünzli und bewarb mich bei der Credit Suisse, wo ich früher die Lehre gemacht habe, und bekam probehalber den Job bei der CS als Anlageberater. Es war ein Fehlentscheid, wieder in dieses Business einzusteigen. Investoren zu motivieren, Risiken einzugehen und diese Risiken ohne Bedenken stillzuschweigen oder zu verharmlosen, ist einfach nicht mein Ding. Ich bekam Depressionen und wurde krank. Weil ich Schulden hatte, nahm ich Aufputschmittel und versuchte, mich durch den Berufsalltag zu beißen, doch es wurde nicht einfacher, als die CS von einer Krise in die nächste schlitterte und die Stimmung unter den Kollegen immer gereizter wurde. Noch vor der Übernahme der CS durch die UBS hatte ich einen Zusammenbruch, nichts ging mehr. Ich weiß bis heute nicht genau, was passiert ist. Ein Arbeitskollege hat die Notfallnummer angerufen – angeblich hatte man mich an meinem Arbeitsplatz ohnmächtig auf dem Boden liegend gefunden –, und als ich wieder zu mir kam, lag ich in einem Bett des Inselspitals.»

«Es war eine Herzstörung als Folge einer totalen emotionalen Erschöpfungsdepression», ergänzt Phil.

«Das tut mir sehr leid», sagt Beat mitfühlend. «Und wie geht es dir jetzt?»

«Physisch so einigermaßen, die Ärzte hier machen einen guten Job. Aber ich fühle mich unfähig, wieder ins Berufsleben einzusteigen, und ich möchte nicht von der Sozialhilfe leben. Ich sollte mich um Arbeit bemühen, schon nur, um meine Schulden abzahlen zu können. Um wieder in die Schweiz zu reisen, eine Wohnung zu finden, Krankenkassenprämien und den Lebensunterhalt bezahlen zu können, musste ich einen Kredit aufnehmen. Selbst wenn ich Sozialhilfe beziehen würde, käme ich auf keinen grünen Zweig, also muss ich einen Job suchen. Aber wer stellt heute einen Sechzigjährigen mit meinem Lebenslauf ein? Da sind die ganzen

Therapien für mein Selbstwertgefühl vergeudeter Aufwand, und nutzlose Bewerbungsschreiben zu verschicken, ist einfach nur demütigend.»

«Das verstehe ich. Aber könntest du dir eine Arbeit vorstellen, die du interessant und sinnvoll fändest? Etwas, das deinen Fähigkeiten entspricht? Blende einfach einmal dein Alter, die Bewerbungsschreiben und deine finanzielle Lage aus und stell dir vor, dass das alles gar keine Rolle spielt!»

Markus schaut Beat verblüfft an und verwirft theatralisch die Hände. «Machst du Witze? Was bringt das denn? Was nützen mir solche Fantasien?»

Beat geht nicht auf die ablehnende Geste ein und fragt: «Welche Sprachen sind dir geläufig? Wie hast du dich in all den Jahren in Indien verständigt?»

«Meistens auf Englisch. In Goa sprechen sie Konkani, das habe ich mit der Zeit auch gelernt. Tamil verstehe ich auch recht gut. Aber das wird nur in Südindien und Sri Lanka gesprochen, hier fragt doch kein Schwein danach.»

«Das sehe ich anders», antwortet Beat. «Ist dir bewusst, dass etwa 60 000 Tamilen in der Schweiz leben?»

«Nein. Du meinst…?»

«Ich meine, dass du gute Karten hast, einen Job zu finden, in dem du gut bist und der dir Spaß machen könnte. Hast du je etwas von einem Freihandelsabkommen gehört oder gelesen, das die Schweiz mit Indien abzuschließen versucht?»

Markus schüttelt den Kopf.

«Ich kenne Leute im Parlament, die am Zustandekommen dieses Abkommens arbeiten. Und ich kann mir vorstellen, dass jemand mit deinem Background für diese Leute sehr interessant sein könnte. Indien ist das bevölkerungsreichste Land der Welt und für die Schweiz ein bedeutender Handelspartner.»

«Du meinst…?»

«Ja, ich meine. Und ich meine, dass du darüber nachdenken solltest. Ich gebe dir meine Karte, und wenn du es dir überlegt hast, kannst du mir mitteilen, ob ich bei den zuständigen Stellen anklopfen soll.»

Markus kann es kaum fassen. «Unglaublich. Ich wüsste gar nicht, wie ich dir danken könnte, wenn daraus etwas werden sollte. Und ob ich überhaupt die Kraft hätte und fähig wäre, noch einmal etwas ganz Neues zu wagen.»

«Du kannst es. Aber lass es dir eine Woche durch den Kopf gehen, bevor du mir Bescheid gibst.»

Nachdem Beat sich von Markus verabschiedet hat und mit Phil zum Ausgang der Cafeteria geht, sagt der Neurologe: «Das war wunderbar. Soeben habe ich Markus Imhof zum ersten Mal lächeln sehen. Wie nennt man das, was du eben gemacht hast, in deinem Jargon? Manifestieren?»

«Im Prinzip ja. Man muss dabei alles negativ Konnotierte einfach mal weglassen können und sich auf Positives konzentrieren, auf das, was du dir wünschst und für möglich hältst.»

Die Kunst des Manifestierens

Noch am gleichen Abend nach Beats Begegnung mit seinem alten Bekannten Markus Hofmann ruft ihn Phil an. Er bedankt sich noch einmal dafür, dass Beat spontan bereit war, mit Markus zu reden. «Nachdem du gegangen bist und ich wieder an Markus' Tisch zurückging, hat er mich gefragt, was ich von deiner Idee mit dem Indien-Projekt halte und ob dein Vorschlag ernst gemeint gewesen sei.»

«Natürlich habe ich das ernst gemeint, aber ich kann verstehen, dass Markus verunsichert ist, mir ginge es an seiner Stelle nicht anders.»

«Das ist mir auch klar. Markus ist in einer Abwärtsspirale, aus der er ohne fremde Hilfe nicht herausfindet. Unseren erfahrenen Therapeuten ist es jedenfalls nicht gelungen, ihn wieder aufzurichten. Jetzt kamst du und hast in kürzester Zeit bewirkt, dass er zum ersten Mal an etwas Neuem wenigstens Interesse zeigt. Und das, nachdem du gesagt hattest, du könntest nichts aus dem Hut zaubern. Damit hast du selbst mich verblüfft.»

«Es freut mich, wenn er Interesse an meinem Vorschlag zeigt. Konkret haben wir aber noch gar nichts erreicht. Die Sache mit dem Manifestieren ist komplexer, als es aussieht und als manche glauben. Manifestieren ist die Erkenntnis und Erfahrung von der Anwendung der eigenen schöpferischen Kraft. Es ist die Fähigkeit, voraus mit Imagination einen erfüllten Wunsch mit unserer Vorstellungskraft zu erleben. Es gibt dabei keine

Garantie auf Erfolg. Erstens muss jemand, der ein Problem hat, die größten Sorgen, die ihn belasten, einmal ausblenden können. Wer das nicht kann, kommt immer wieder zur gleichen Verzweigung, die nach unten führt.

Zweitens musst du ein Erfolgsziel haben und überzeugt sein, die neuen Aufgaben meistern zu können, die mit dem Erreichen des Erfolgsziels verknüpft sind. Auch das ist nicht simpel, manche überschätzen sich permanent oder haben zu wenig Selbstvertrauen.»

«Das tönt vernünftig», meint Phil.

«Drittens: Wenn man sich in einem Abwärtsstrudel befindet, muss man bereit sein, fremde Hilfe anzunehmen. Niemand kann sich an den eigenen Haaren aus dem Schlamassel ziehen.»

Eine Abwärtsspirale wirkt wie ein Sog, der dich hinabzieht. Du brauchst fremde Hilfe, um wieder hochzukommen.

«Du kannst das alles Markus gerne weitersagen. Er soll sich eine Woche Zeit nehmen, bevor er sich bei mir meldet. Ich muss das Gefühl haben, dass er wirklich entschlossen ist, den ersten Schritt zu tun, bevor ich Personen anspreche, die vermutlich Interesse hätten, ihn kennenzulernen. Und noch etwas: Wenn ich sage, dass man beim Manifestieren die größten Sorgen ausblenden muss, ist damit nicht gemeint, dass man Probleme wegreden oder verdrängen muss. Sondern man muss gedanklich zuerst Steine wegräumen, um im Kopf neuen Ideen Platz zu geben. Danach kann man sich erst richtig daranmachen, die Probleme als Aufgaben zu sehen, die man lösen kann, eine nach der andern.»

«Vielen Dank, Beat. Ich stehe zu allem, was du gesagt hast und werde mit Markus reden.»

Eine Woche später meldete sich Markus bei Beat und sagte, dass er sich entschieden habe, seine Chance zu nutzen, sich für einen interessanten Job bewerben zu dürfen. Beat versprach ihm, sich umzuhören und nahm mit Sven Medard Kontakt auf, der im Departement für Wirtschaft, Bildung und Forschung (WBF) eine leitende Funktion ausübte. Beat hatte Sven kennengelernt, als es um die Auslagerung eines großen IT-Projekts der Swisscom nach Indien ging. Sven bestätigte, dass er in das Projekt Freihandelsabkommen mit Indien involviert sei und dass er Markus gerne kennenlernen wolle. «Leute mit Schweizer Pass und so viel Indienerfahrung finden wir nicht haufenweise», bestätigte er.

*

Ein paar Tage später trifft sich Beat mit Markus und Phil in der Cafeteria des Inselspitals. Er erklärt, was er mit Medard besprochen hat und wartet gespannt, wie Markus die Nachricht aufnimmt.

«Ich freue mich auf das Treffen mit Herrn Medard», sagt Markus. «Ich bin ein wenig nervös und weiß nicht, ob ich die Erwartungen des WBF erfülle.»

«Ich bin überzeugt, dass du der richtige Mann für den Job bist», antwortet Beat ruhig. «Lass dir einfach sagen, worum es geht und was dein Job wäre. Wenn du davon überzeugt bist, die Aufgabe meistern zu können, wirst du die Stelle bekommen. Es ist entscheidend, dass du an dich selber glaubst. Stell dich zu Hause vor den Spiegel, guck dich an, richte dich gerade auf, lächle dir zu und sage dir, ich kann das! Du wirst sehen, dass das etwas bewirkt, etwas Positives.»

Markus schaut auf und lächelt. «Ich weiß, was du meinst. Du hast recht, ich brauche diese Überzeugung, kein Versager zu sein. Den Trick mit dem Spiegel kenne ich und kann dir bestätigen, dass ich in letzter Zeit Mühe hatte, die Gestalt zu akzeptieren, die ich anschaute.»

Alle Formalitäten sind besprochen, Markus weiß, wo er sich melden kann. Er steht auf, bedankt sich bei Phil und Beat für ihre Unterstützung und geht.

«Das war jetzt aber kurz», meint Phil. «Keine großen Diskussionen, nicht viele Fragen – glaubst du, dass Markus jetzt den entscheidenden Schritt macht?»

«Ja, ich habe ein gutes Gefühl.»

«Ich muss zugeben», sagt Phil, «dass deine Methode des Manifestierens zumindest bei Markus gut ankommt. Du hast ihm eine neue Perspektive gegeben, ein Ziel, das ihm nicht unrealistisch scheint.»

«Manifestieren bedeutet natürlich nicht, dass man die Arme verschränken und darauf warten kann, dass sich ein Wunsch erfüllt, ohne dass man dafür etwas tun muss. Man muss sich regelmäßig, wenn möglich täglich, mit dem Gesetz der Anziehung befassen und lernen, damit umzugehen.

Ob Markus längerfristig in der Lage sein wird, seinem Leben einen neuen Sinn zu geben, weiß ich nicht und kann das nicht beeinflussen. Es hängt von ihm selber ab, ob er seine Chance packt.»

«Das sehe ich auch so», sagt Phil. «Jeder Mensch hat irgendwelche Wünsche, und es ist nur ein kleiner Schritt, sich vorzustellen, wie es wäre, wenn ein besonderer Wunsch in Erfüllung ginge, der alles zum Positiven verändern würde. Es ist aber ein wesentlicher Unterschied, ob man von einer Krankheit geheilt werden möchte oder sich wünscht, reich zu werden. Ich denke da an meinen Vater, der seit dreißig Jahren jede Woche beim Lotto mitspielt und immer auf die gleichen sechs Zahlen setzt, ohne je einen nennenswerten Gewinn gemacht zu haben. Würdest du das auch als Manifestieren bezeichnen, obwohl die Hoffnung auf den großen Lottogewinn völlig unrealistisch ist?»

«Auf jeden Fall. Er darf damit nicht aufhören, denn stell dir vor, was das mit ihm machen würde, wenn er seinen Lottoschein einmal nicht ausgefüllt hätte und ausgerechnet dann seine sechs Zahlen gezogen würden!»

«Das wäre DIE Katastrophe», lacht Phil.

Gespräch mit einer Theologin

«Du hast mir übrigens neulich gesagt, dass du gerne mit einem Theologen über die Themen diskutieren würdest, die dich besonders interessieren. Ich habe dabei an Sabine Kramer gedacht, eine aus dem Seelsorgerteam des Inselspitals. Vielleicht kennst du sie sogar...»

«Hm, nein, der Name sagt mir nichts. Ich wusste gar nicht, dass ihr mehrere Theologen beschäftigt. Ich hatte einmal Besuch von einem Pfarrer, seinen Namen habe ich vergessen, der sich als Patientenbetreuer vorstellte. Ein netter Mensch, der aber sichtlich enttäuscht war, als ich ihm erklärte, dass ich nicht an einen ‹Gott im Himmel› glaube, an den ich mich mit einem Gebet richten könne.»

«Das hat er wohl als Abfuhr verstanden», meint Phil lächelnd. «Unsere Theologen sind sich das gewohnt und wollen sich niemandem aufdrängen. Aber wenn du willst, mache ich dich gerne mit Sabine bekannt.»

Eine Woche später wartet Beat in der Cafeteria am gleichen Tischchen, an dem er mit Phil schon viele Gespräche geführt hat, auf Sabine Kramer. Er sieht eine Dame, etwa Mitte fünfzig und von schlanker Statur, auf sich zukommen. Sie stellt sich ihm als Frau Kramer vor und fragt freundlich: «Und Sie sind der Mann, der ein Buch schreibt und sich unter anderem mit Glaubensfragen beschäftigt, nicht wahr?»

Beat ist die Frau auf Anhieb sympathisch. «Ja, danke, dass Sie sich Zeit nehmen, mich zu treffen. Ich weiß nicht, was Phil Ihnen über mich erzählt hat, aber er meinte, Sie könnten gewisse Fragen, die mich interessieren, aus theologischer Sicht beantworten.»

«Ich bin gespannt, was Sie wissen wollen, muss Ihnen aber sagen, dass ich nicht für alle Theologen sprechen kann. In unserem Team sind verschiedene Glaubensrichtungen vertreten, und nicht selten kommt es vor, dass wir unterschiedlicher Ansicht sind. Sie sind Mitglied der Evangelisch-reformierten Kirche, sagte mir Phil, und Sie haben einen inneren Kompass, der Ihnen bei wichtigen Entscheidungen den Weg vorgibt. Ist das richtig?»

Beat ist froh, dass Frau Kramer offen und direkt gleich zur Sache kommt. Er hat das Gefühl, sich mit ihr über alles austauschen zu können, was er in Tausenden von Seiten über das Gesetz der Anziehung und bewusstes Manifestieren gelesen hat, und er berichtet, wie er als junger Mensch aus der Freikirche ausgetreten ist und die Lehren Goddards aufgenommen hat. «Dass Gott nicht als unfassbare Instanz irgendwo im Universum, sondern in uns selbst zu finden ist, war für mich die wichtigste Erkenntnis. Wenn ich seither Theologen begegnet bin, habe ich mich immer gefragt, was deren Überzeugung ist, und so frage ich auch Sie: Glauben Sie an einen alleinigen Gott, oder können Sie sich vorstellen, dass so etwas wie göttliche Macht überall in der Natur und in uns selbst anzutreffen ist?»

Sabine hat Beats Rede aufmerksam zugehört, ohne ihn zu unterbrechen. Ihre Mimik verrät weder Zustimmung noch Ablehnung. «Ich vermute, Sie haben von Theologen schon die unterschiedlichsten Antworten bekommen. Sie erwarten von mir jetzt hoffentlich nicht, dass ich Ihnen in einem einzigen Satz antworte und entweder sage, dass Sie recht haben oder dass Sie auf dem Holzweg sind. Sie selber sind sich nicht ganz sicher, woran Sie in Glaubensfragen festhalten sollen. Stimmts?»

Frau Kramers Antwort verblüfft und verunsichert Beat. Was will sie damit sagen? Wie kommt sie dazu, anzunehmen, dass ich nicht weiß, was ich glauben soll? Weiß sie nicht, was sie antworten soll und versucht deshalb, auszuweichen oder Zeit zu gewinnen? Er bemüht sich, nicht verärgert zu klingen, als er die Theologin fragt, wie sie darauf komme, dass er auf der Suche nach dem richtigen Glauben sei.

«Nun, ich halte Sie für einen Suchenden, sonst hätten Sie nicht das Gespräch mit mir gewollt. Es gefällt mir, wenn Menschen sich mit solchen Fragen beschäftigen, wie Sie das tun. Ihre zwei Fragen, ob ich an einen alleinigen Gott glaube oder ob ich überzeugt bin, dass wir Gott in uns selbst haben, beantworte ich gerne aus meiner Sicht: Ja, auch in meiner Vorstellung existiert eine göttliche Macht überall in der Natur, somit auch in uns. Aber jeden Menschen als göttliches Wesen zu betrachten, widerstrebt mir, wenn ich sehe, wozu manche Menschen im negativen Sinn fähig sind. Sie müssten mir schon genauer erklären, wie zu interpretieren ist, dass Gott in uns selbst wohnt. Außerdem: Was verstehen Sie unter dem Begriff *göttlich*?»

«Ich denke dabei an das Gute im Menschen, an die schöpferische Kraft, die uns gegeben ist... Was denken Sie? Sie haben den Begriff vorhin auch benutzt...»

«Ich denke dabei, so wie Sie, an etwas Gutes, an wundervoll Schönes. Die Frage, ob es einen alleinigen Gott gibt, den Schöpfer des riesigen Universums, das seit Ewigkeiten existiert, führt zu philosophischen Überlegungen. Dabei gelangen wir erstaunlich rasch an die Grenze unseres Vorstellungsvermögens. Oder können Sie mir den Begriff *Ewigkeit* erklären, also etwas, das keinen Anfang und kein Ende hat?»

Beat schüttelt den Kopf.

«Eben», fährt Sabine fort. «Für uns Menschen muss alles einen Anfang und ein Ende haben, alles andere übersteigt unsere Vorstellungskraft, so auch das Bild von einem Gott im Himmel. In der Bibel steht, dass du dir kein Bildnis von Gott machen sollst. Das ist, wie Sie sicher wissen, eines der Zehn Gebote, die Moses von Gott auf dem Berg Sinai empfangen hat. Es steht nirgends geschrieben, dass Moses Gott dabei *gesehen* hat. Das ist eines von unzähligen Beispielen, wo die Bibel und insbesondere das Alte Testament nur symbolisch verstanden werden kann. Man kann und soll sich Gott nicht als irgendein Wesen vorstellen. Beantwortet das Ihre Frage hinreichend?»

Beats Verunsicherung, was er von der Theologin halten soll, hat sich aufgelöst wie Wasserdampf in der Sahara. «Ich bin froh, dass Sie das so sehen.»

«Ich hoffe, Sie verstehen mich nicht falsch. Ich widerspreche Ihnen nicht, wenn Sie Neville Goddard – der ja auch Theologe war – zitieren und sagen, dass die göttliche Präsenz in uns selbst zu finden ist. Dem kann ich grundsätzlich zustimmen, in jedem Menschen steckt ein guter Kern. Aber sich deswegen selber als göttlich oder gar als Gott zu betrachten, halte ich für problematisch.»

«Ich verstehe. Goddard dachte dabei an das Gute im Menschen und dass wir unsere schöpferische Kraft erkennen können. Nach dem Gesetz der Anziehung können wir alles erschaffen, was wir uns wünschen. Du kannst Türen öffnen zu einem erfüllten und erfolgreichen Leben, wenn du dein Bewusstsein in Einklang mit dem Unterbewusstsein bringst. Ich habe nach Goddards Gesetz der Anziehung gehandelt und kann heute sagen, dass ich ein erfülltes und erfolgreiches Leben geführt habe und führe.»

Sabine Kramer lächelt und nickt: «Das glaube ich Ihnen. Es freut mich für Sie, dass Sie Ihren Weg gefunden haben und glücklich sind.»

Beat ist wieder leicht verunsichert. Er hatte gehofft, ja, was eigentlich, dass sie sich beeindruckt zeigen würde oder erstaunt? Oder Fragen hätte? Weil die Theologin nicht weiterredet, fragt er sie nach ihrer Meinung über Goddards Gesetz der Anziehung.

«Ja, ich weiß, was Sie meinen. Und Sie wissen sicher, dass zahlreiche Autoren das Thema aufgegriffen haben und sehr erfolgreich darin sind, ihre Bücher zu vermarkten. *Finde deinen Flow, folge der Stimme deines Herzens, die Gesetze der Gewinner* und so weiter. Was soll ich dazu sagen? Was erwarten Sie von mir?»

«Wer positiv denkt, zieht Positives an. Das ist sogar wissenschaftlich erwiesen. Ich frage mich, warum manche Theologen das anders sehen und diese Bücher als Humbug verurteilen.» Beat bemüht sich nicht sonderlich, seinen Unmut zu verbergen.

«Stopp!» Sabine unterbricht Beat energisch. «Es ist bekannt und zu einem Teil tatsächlich wissenschaftlich erwiesen, dass jemand, der Positives ausstrahlt, Positives erntet. Das Gegenteil trifft auch zu: Wer missmutig oder deprimiert auftritt, saugt negative Bestätigungen seines Denkens auf wie ein vertrockneter Schwamm. Woher haben Sie die Erfahrung, dass manche Theologen diese Tatsache abstreiten?»

«Da war kürzlich eine Sendung im Schweizer Fernsehen, wo ein Theologe sich verächtlich über positives Denken geäußert hat. Das hat mich sehr enttäuscht, weil es allem widerspricht, wie ich denke und was ich in meinem Leben erfahren habe.»

«Interessant. Hat dieser Theologe denn begründet, was an positivem Denken falsch ist?»

Beat fühlt sich auf dem falschen Fuß erwischt. «Nun, so genau weiß ich nicht mehr, was er alles gesagt hat. Aber er hat behauptet, dass Manifestieren und positives Denken Hokuspokus seien. Da habe ich den Sender gewechselt, denn das musste ich mir nicht anhören.»

Die Theologin lacht kurz und räuspert sich, bevor sie antwortet. «Okay. Vielleicht hat er das dann auch begründet. Ich glaube, dass ich ein paar Dinge klarstellen muss. Bei uns landen viele Patientinnen und Patienten mit Burn-out und psychischen Leiden. Wir können diese Menschen medizinisch behandeln, dafür gibt es probate Mittel. Aber wir versuchen auch, sie auf Wegen zu unterstützen, die aus ihrer Depression herausführen. Das funktioniert bei diesen Menschen nicht, wenn wir ihnen einfach einen Bestseller in die Hand drücken und empfehlen, die guten Ratschläge zu befolgen, die der Autor als Lösung betrachtet, um im Leben glücklich und erfolgreich zu werden. Um jemanden zu heilen, muss man die Ursachen erkennen, die zur Erkrankung oder einem schweren Leiden geführt haben. Menschen mit Burn-out vermitteln wir oft an Psychiater und Psychologen, die wir empfehlen können. In seltenen Fällen – wenn Patienten es explizit wünschen und ich es einrichten kann – übernehme ich als ausgebildete Psychologin die Behandlung.»

«Sie haben neben Theologie auch Psychologie studiert?»

«Ja, für sogenannte Seelsorger ist das ja keine seltene Kombination. Positives Denken und Manifestieren sind wichtige Komponenten bei der Behandlung von Menschen mit Depressionen. Das sind übrigens nicht ausschließlich unsere Patienten, sondern manchmal auch Ärzte oder Pflegende des Spitals, die erschöpft und ausgebrannt sind. Am Anfang einer

Therapie, bevor wir zum positiven Denken kommen, erzählen mir die Klienten von ihren Problemen und müssen dabei ihren ganzen Frust abladen können. Das fällt nicht jedem leicht, ist für mich aber wichtig, um ihre Situation verstehen zu können. Alles Negative muss auf den Tisch, wir müssen uns damit befassen. Allermeistens sind diese Klienten froh, mit jemandem reden zu können, der Verständnis und ehrliches Interesse an ihren Problemen zeigt. Können Sie das nachvollziehen?»

Das tönt überzeugend. Beat kann das nachvollziehen, aber das Gespräch verläuft irgendwie nicht so, wie er gewünscht hatte. Müssen wir jetzt über all die Probleme reden, die andere unglücklich machen? Da fällt ihm Markus ein. Der musste doch auch zuerst seinen Kummer abladen, bevor ich ihm einen konstruktiven Vorschlag machen konnte.

Sabine scheint seine Gedanken lesen zu können und fährt fort: «Sie sind vielleicht ein Glückspilz, führen ein erfülltes Leben in Wohlstand und verdanken das dem Gesetz der positiven Ausstrahlung. Sie haben stets richtige Entscheidungen getroffen und sind von schweren Depressionen verschont geblieben. Darauf dürfen Sie stolz sein.»

«Danke, Frau Kramer, ich bin vor allem dankbar dafür. Und ich danke Ihnen für Ihre Erklärungen. Ich bin beeindruckt, was Sie leisten. Ich verstehe, dass Sie sich zuerst mit dem Schicksal Ihrer Klienten auseinandersetzen müssen, bevor Sie an den Punkt gelangen, wo Sie jemanden mit positiven Gedanken beeinflussen können.»

«Das haben Sie schön gesagt. Kürzlich ist eine Hummel durch ein halb geöffnetes Fenster in mein Wohnzimmer geflogen und hat den Ausweg nicht mehr gefunden. Immer wieder ist sie gegen das Fensterglas geprallt und konnte nicht verstehen, dass dies nicht der Weg in die Freiheit ist, wo sie doch die Sonne und den blauen Himmel über sich sah. Erst als ich sie vom geschlossenen Fenster zum halb geöffneten lenken konnte, ist sie raus- und davongeflogen. Fast immer gibt es für Menschen einen Weg aus einer misslichen Situation, aber oft sind sie nicht in der Lage, die Richtung zu erkennen, in die sie gehen müssten, um wieder auf sicheres Gelände zu kommen. Sie sind zu sehr fokussiert auf alles, was sie bedrückt und niederzieht.»

«Das haben Sie auch schön gesagt. Und Sie haben mir damit bestätigt, dass es mit dem Mut zu einer positiven Einstellung fast immer möglich ist, dem Leben neuen Schwung zu verleihen. Eine letzte Frage hätte ich aber noch...»

«Bitte, fragen Sie. Ich habe noch etwas Zeit.» Sabine schaut beiläufig auf ihre Armbanduhr.

«Glauben Sie an ein Leben nach dem Tod?»

Die Theologin wirft Beat einen fragenden Blick zu und scheint nachdenken zu müssen. Schließlich sagt sie, dass es keine Beweise für ein Leben im Jenseits gebe, aber sie könne nicht ausschließen, dass man wiedergeboren und ein neues Leben in einem andern Körper beginnen würde. Aber auch das sei eine Glaubensfrage, die sich Menschen schon vor Jahrtausenden gestellt hätten. «Im biblischen Glauben bedeutet Auferstehung nicht Wiederbelebung, sondern Verwandlung in ein neues Leben. Ob ich das für möglich halte, hängt davon ab, ob ich an die Auferstehung unserer Seele glaube, die ja immateriell ist, während unser Körper nach dem Tod zu Staub oder Asche wird.»

«Als Seelsorgerin müssen Sie aber davon überzeugt sein, dass in jedem Menschen eine Seele wohnt, nicht wahr?»

Die Theologin schmunzelt und kommt zum Schluss: «Sie haben recht. Dazu darf ich Ihnen verraten, dass Ihr Freund Phil sich als Neurologe und Hirnforscher mit einem Phänomen befasst, von dem er mir berichtet hat und das ich auch erstaunlich finde. Er hat oft beobachtet, dass Patienten mit schwerer Demenz und an Alzheimer Erkrankte, deren Gehirnzellen weitgehend zerstört sind, kurz vor ihrem Tod plötzlich klar verständlich reden wie jemand, der bei vollem Bewusstsein und Verstand ist. Wie wenn der Geist – Sie können diesen auch Seele nennen – des Sterbenden sich erneuern würde, bevor er den Körper verlässt, in dem er ein Leben lang gewohnt hat. Ebenso bekannt ist, dass Menschen mit Nahtoderfahrung, so wie Sie, sich an Details erinnern, die sie während der Operation wahrgenommen haben, während der aufzeichnende Monitor anzeigte, dass das Herz nicht mehr schlug, der Patient also kurzzeitig klinisch tot war. Es ist also überhaupt nicht abwegig, zu glauben, dass unsere Seele nach unserem Tod weiterhin existiert. Wir könnten uns auch vorstellen, dass nicht die Seele uns verlässt, sondern dass der Körper unsere Seele verlässt, wenn er stirbt. Ich denke, das ist ein guter Schlusspunkt», sagt die Theologin, womit sie zu verstehen gibt, dass sie das Gespräch für beendet hält.

Sie verabschieden sich herzlich, und Beats Gedanken kreisen bereits um Formulierungen, die er abends in seinem Dankbarkeitsjournal festhalten wird.

Spirituelle Intelligenz

Beim nächsten Gespräch mit Phil nutzt Beat die Gelegenheit, ihm eine Frage zu stellen, die ihm schon lange auf der Zunge brennt: «Was ich dich als Neurologen schon immer einmal fragen wollte: Kann man Intelligenz messen?»

Der IQ

«Spannende Frage», meint Phil. «Die lässt sich nicht einfach mit Ja oder Nein beantworten. Du denkst wahrscheinlich an den IQ, der aufgrund eines Intelligenztests ermittelt wird. Wir wenden übrigens ähnliche Tests an, zum Beispiel bei Patienten mit einer Gehirnerschütterung oder einem Schädel-Hirn-Trauma. Auch dich haben wir mit dieser Methode untersucht. Aber hauptsächlich dienen solche Tests dazu, das Erinnerungsvermögen zu prüfen, und dabei geht es natürlich nicht primär um die Ermittlung des Intelligenzquotienten, sondern wir möchten die bestmögliche Behandlung bestimmen können.

Daneben sind mir zahlreiche Methoden bekannt, um den IQ einer Testperson festzustellen, zum Beispiel sprachliche und mathematische Fähigkeiten, logisches Denken und räumliches Verständnis. Du kennst vermutlich solche Tests mit Aufgaben, die man innerhalb einer bestimmten Frist lösen muss.»

Beat kann das bestätigen: «Ja, ich habe schon mehrere unterschiedliche IQ-Tests gemacht, viele freiwillig und aus reinem Interesse, was dabei herauskommen würde. Ich bin zur Überzeugung gelangt, dass die Bedeutung des IQ überschätzt wird. Wie denkst du darüber?»

Der Professor lächelt und antwortet, dass er dem zustimmen könne. «Ein kleines Beispiel dazu: Erwin, ein Freund von mir, ist Mathematiker und arbeitet für eine Versicherung. Neulich musste er Stellensuchende beurteilen, die einem Test unterzogen worden waren. Einer der Bewerber hat bei einer einfachen Aufgabe eine falsche Antwort gegeben. Die Frage war: Welches ist die vierte Zahl in einer Reihe mit den Werten 2, 4, 8? Anstatt 16, was erwartet wurde, hatte dieser 10 angegeben. Das hat Erwin erstaunt, denn komplexere Aufgaben hatte der Mann alle richtig gelöst. Als Erwin ihn fragte, warum er bei dieser Aufgabe anders als erwartet geantwortet habe, sagte der Mann, dass ihm klar gewesen sei, dass man die Zahl 16 erwarten würde. Aber 10 könne auch richtig sein, je nach Sichtweise auf die Zahlenreihe. Zum Beispiel könnten die drei ersten Zahlen Konstanten sein, die zu den folgenden Zahlen addiert werden. Der Mann hat die Stelle bekommen.»

Die einfachste Lösung einer Aufgabe ist nicht immer die einzig richtige.

«Es ist wichtig zu wissen, dass es keine wissenschaftlich anerkannte genaue Definition von Intelligenz gibt. Je nach Altersgruppe müsste man sowieso unterschiedliche Kriterien für Fragen und Auswertungen der Antworten anwenden», ergänzt Phil abschließend.

«Ich bin froh, dass du das erwähnst», sagt Beat. «Ich habe noch andere Fragen zu diesem Thema, die mich beschäftigen, zum Beispiel die Frage nach der emotionalen Intelligenz, dem EQ, oder was du von der spirituellen Intelligenz hältst, dem SQ. Vielleicht können wir das nächste Mal darüber reden.»

«Gerne, ich freue mich auf unser nächstes Gespräch», antwortet Phil.

Der EQ

Als Beat sich auf das nächste Gespräch mit Phil vorbereitet, erinnert er sich an das Buch «Emotionale Intelligenz» von *Daniel Goleman,* das ihm Harry Holzheu einst als Grundlage für das Seminar «Emotional Selling» vorgeschlagen hatte. Das Motto war: Wer nicht lächeln kann, macht kein Geschäft.

Was Goleman in seinem Bestseller in den 90er-Jahren schrieb, stimmt auch heute noch und wird auch in Zukunft noch richtig sein, findet Beat.

Wer Erfolg haben will, muss die Fähigkeit haben, eigene und fremde Gefühle wahrnehmen, verstehen und beeinflussen zu können.

Das menschliche Verhalten wird sowohl vom Verstand als auch von Gefühlen angetrieben; beide sind eng verknüpft. Gefühle halten mit dem beschleunigten gesellschaftlichen Wandel nicht Schritt und erscheinen archaisch. Wut führt zu Aggressivität, Angst zur Flucht oder zum Rückzug, Glück zu Begeisterung, Überraschung zu Neugier, Traurigkeit zu Anpassung an den Verlust und zu Neuorientierung. Das ist menschlich, war schon immer so und wird immer so sein.

*

Nun sitzt Beat wieder Phil gegenüber, zur Abwechslung auf der Dachterrasse des Gebäudes, weil es ein warmer und sonniger Tag ist.

«Ich habe Golemans *Emotionale Intelligenz* auch gelesen», erklärt Phil. «Er ist Wissenschaftsjournalist und beruft sich auf Professor *Howard Gardner* von der Harvard School, dessen Buch *Multiple Intelligences* zum Pflichtstoff für Studierende in der Neurologie und Psychologie gehören. Ich stimme voll überein mit den Aussagen, dass es nicht nur *die* Intelligenz gibt, sondern mehrere Arten von Intelligenz, also nicht nur sprachliche und kognitive Fähigkeiten und alles, was mit logischem Denken zu tun hat. Um nur ein paar typische Beispiele zu nennen:

- Die *musikalisch-rhythmische Intelligenz*, die Begabung zum Musizieren und Komponieren.
- Die *bildlich-räumliche Intelligenz*, also das Talent, die Struktur sowohl großer Räume als auch begrenzter Raumfelder zu erfassen. Eine gute Voraussetzung für Piloten, Bildhauer, Schachspieler oder Architekten.
- Die *kinästhetische Intelligenz*, um einzelne Körperteile wie Hand, Fuß oder Mund geschickt einzusetzen; sie ist wichtig für Tänzer, Schauspieler und Sportler, aber auch für Handwerker und Chirurgen.
- Die *soziale Intelligenz*, wir nennen sie auch interpersonale Intelligenz. Sie bezeichnet die Fähigkeit, unausgesprochene Motive, Gefühle und Absichten anderer Menschen zu erkennen und zu verstehen und positiv zu beeinflussen. Du kannst das auch unter dem Begriff *Empathie* zusammenfassen. Sie ist eine gute Voraussetzung für den erfolgreichen Umgang mit Mitmenschen, beispielsweise für Eltern mit ihren Kindern, und sie ist wichtig für alle, die im Pflegebereich tätig sind.»

«Danke Phil! Ich habe mir Notizen gemacht. Schön wäre es, wenn auch viele Menschen in andern Berufen, besonders Politiker und solche mit Führungsverantwortung, sich eine Scheibe von sozialer Intelligenz abschneiden könnten.»

Phil sagt mit breitem Grinsen, dass das wohl unter Wunschdenken gehe. «Aber du erwähntest letzte Woche, dass dich die *spirituelle Intelligenz* besonders interessiert. Was verstehst du darunter?»

Der SQ

«Zu diesem Thema habe ich ein Buch von Danah Zohar und Ian Marshall gelesen: *Connecting With Our Spiritual Intelligence.* Neben dem IQ und EQ existiert für sie ein drittes Q. So wie ich es verstanden habe, meinen sie damit die Intelligenz, mit deren Hilfe wir unsere Handlungen und unser Leben in einen größeren Sinnzusammenhang stellen. Anders gesagt: Der SQ sei das Fundament dafür, dass sowohl IQ als auch EQ wirkungsvoll funktionieren. Der Mensch sei bestimmt, in dem, was er lernt und tut, Sinn und Wert zu finden.»

Phil nickt zustimmend. «Okay, ich verstehe, warum dich der SQ interessiert. Das Buch der Physikerin Danah Zohar und des Psychiaters Ian Marshall basiert auf den neusten Erkenntnissen der Gehirnforschung. Neben Erklärungen wissenschaftlicher Fakten gehen sie vertieft auf unterschiedliche Denkarten, Religionen und Lebensmodelle ein, was wirklich spannend, aber auch anspruchsvoll zu lesen ist. Was hat das Buch bei dir bewirkt?»

«Du weißt ja, dass ich eine Art Tagebuch schreibe, mein Dankbarkeits- und Erfolgsjournal», antwortet Beat. «Dabei lenke ich meine Gedanken darauf, dass ich in jedem Augenblick mit einem stimmigen, harmonischen Gefühl lebe. So stimmen auch meine Lebensumstände.

Genialität ist unser geistiges Erbe, es ist die Gabe, das Wesentliche in jeder Situation zu erkennen. Sie ist nicht nur einigen Auserwählten vorbehalten und muss – ebenso wie die Intuition – nicht erlernt werden, sondern man muss sich *erinnern*, wer wir sind oder wer ich bin. Genie und Intuition sind das Bindeglied zwischen Mensch und der göttlichen universellen Energie, die jeder in sich *selbst* hat.

Im Finden zu mir selbst erweitere ich meinen Horizont. Ich spüre die

Wirksamkeit der geistigen Gesetze, und mit meiner Vorstellungskraft erkenne ich die allumfassende Ordnung. Die *physischen Gesetze von Tesla*, basierend auf den Zahlen 3, 6 und 9, deuten auf diese Ordnung. Sie sind der Schlüssel zum Universum, und aus ihnen manifestieren sich Kraft und Energie. Du kennst ja unser Koordinatensystem, nach dem man sich überall auf der Erde orientieren kann. Ich skizziere trotzdem schnell, was ich meine.»

Beat zeichnet rasch einen Kreis und Linien auf eine unbenutzte Serviette und erklärt: «Die Zahl 9 ist 3 zum Quadrat und 3 ist die erste Primzahl. Das Quadrat ist der umschließende Raum oder in diesem Fall der volle Kreis, also 360 Grad. Der Raum wird durch drei Dimensionen definiert, und von diesem Prinzip ausgehend denkst du immer in Form von Terzen. So wird klar, warum 360 Grad einem ganzen Kreis entspricht. Alles was darin enthalten ist, lässt sich räumlich aufteilen, die Oberflächentopologie unserer Erde zum Beispiel in Längen- und Breitengrade. Ein Kompass zeigt dir immer exakt, an welchem Punkt der Erde du dich befindest.»

«Gut, das ist bekannt», unterbricht Phil, der offenbar nicht sieht, worauf Beat hinauswill. «Die physischen Gesetze von Tesla sind unbestritten. Tesla war kein Fantast, sondern ein anerkannter Wissenschaftler und maßgeblich beteiligt an der Weiterentwicklung von Röntgenstrahlen, Neonlichtern und Hochleistungskraftwerken. Aber zu deinem Beispiel: Wenn man sich als Kreis nicht die Erde vorstellt, sondern das Zifferblatt einer Uhr mit den Zahlen 3, 6, 9 und 12 anstelle der Himmelsrichtungen, kannst du die zeitliche Dimension nach dem gleichen Prinzip aufteilen. Eine volle Erdumdrehung dauert 24 Stunden, also einen Tag, womit sich der Kreis schließt. Du sprichst oft von deinem inneren Kompass. Funktioniert der nach dem gleichen Prinzip?»

«In gewisser Weise tut er das. Der physische Kompass funktioniert auf der Basis von für uns nicht sichtbaren magnetischen Kräften. Mein innerer Kompass basiert auf meiner Intuition und meinem Bewusstsein, die wie zwei magnetische Pole wirken, Wissen und Verstand auf der einen Seite, Gefühl und Unterbewusstsein auf der anderen.

Entscheidest du sachlich und vernunftgesteuert oder impulsiv und gefühlsmäßig?

In meinem Leben hat mein Kompass immer wieder bewirkt, dass ich das Richtige am richtigen Ort und zur richtigen Zeit gemacht oder gesagt habe. Was ich gerade tue, mache ich ganz bewusst und halte es für richtig. So erschaffe ich um mich herum ein Energiefeld der absoluten Ruhe. Ich bin in einem Flow, der Kreis schließt sich, und in dieser Ruhe kann meine Intuition – mein Kompass – wirken.»

«Ich verstehe», sagt Phil. «Viele unserer Entscheide treffen wir spontan, es bleibt keine Zeit, lange darüber nachzudenken und vorher in einen meditativen Zustand zu versinken. Hat in solchen Situationen dein Kompass ebenfalls einen Einfluss?»

«Natürlich trifft man täglich Entscheidungen, ohne lange überlegen und sich hinterfragen zu können, zum Beispiel im Straßenverkehr oder bei sportlichen Wettkämpfen. Dabei sind Erfahrungen von Vorteil und Regeln entscheidend, aber auch da spielen Emotionen und Intuitionen mit. Nenne es Fahrintelligenz, Spielintelligenz oder Körperintelligenz.»

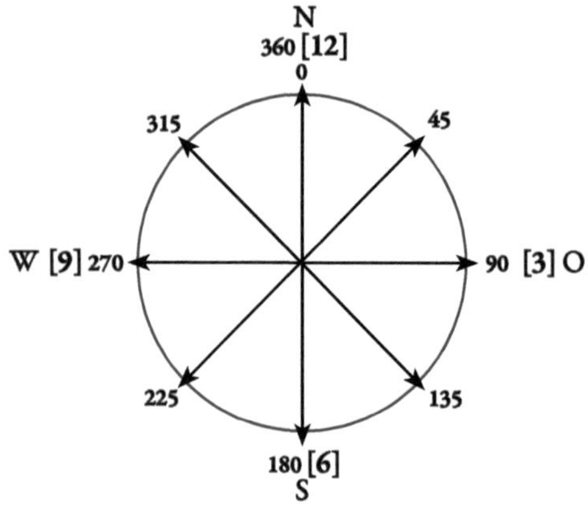

Beat schreibt nun die Begriffe *Stillstand, Veränderung – Sicherheit, Risiko – Hoffnung, Überzeugung – Nichtwissen, Lebenserfahrung* neben die Richtungs- und Zeitangaben in seine Kompasszeichnung.

«Wenn du vor einer Entscheidung stehst und auf deine innere Stimme hörst, wirst du immer eine Antwort bekommen und gefühlsmäßig in die eine oder andere Richtung tendieren, zum Beispiel *Stillstand* wählen oder eine *Veränderung* herbeiführen wollen, auf *Sicherheit* setzen oder bereit sein, ein *Risiko* einzugehen. Und du kannst auch andere Begriffe einsetzen wie *Selbstwertgefühl* oder *Ethik* und *Moral*.»

«Ich weiß, was du meinst», sagt Phil. «Das Prinzip gilt für dich bei kurzfristigen Entscheidungen, wo dir keine oder wenig Zeit bleibt, zu handeln, aber auch in Situationen, in denen du Zeit brauchst, die richtige Entscheidung zu treffen. Du hörst bewusst oder unbewusst auf deinen inneren Kompass...»

«Ja. Das kann, je nach Situation, impulsiv sein oder erst nach längerem Nachdenken zu einem Beschluss führen. Wenn ich mir Zeit nehme, in Ruhe mit meinem *Selbst* und der energetischen Urquelle meines *Seins* in Einklang zu treten, erhalte ich Impulse, Worte, Gedankenblitze, Gefühle und manchmal auch kurze Bilder und Symbole, die nicht mit reinem Verstand zu erklären sind. Ich glaube an die Wirksamkeit meiner Intuition und folge meiner Herzensstimme. Meine Lebensziele und Wünsche sehe ich imaginativ und nehme sie geistig in Besitz. Ich lasse mich von meinem Lebenskompass mit Gelassenheit lenken. Mein Leben hat sich grundlegend geändert, seit ich intuitiv und achtsam auf meinen Lebenskompass höre und mich lenken lasse. Mein Leben im Einklang mit meiner inneren Stimme gibt mir alles, was ich für meinen Geist, meine Seele und meinen menschlichen Körper benötige, den ich für eine begrenzte irdische Zeit bewohnen darf. Ich empfinde in solchen Momenten Dankbarkeit und Freude.»

«Du sagtest einmal, dass du dir regelmäßig ein paar Minuten Zeit nimmst, um meditativ und in absoluter Ruhe auf deinen inneren Kompass zu hören. Machst du das immer noch?»

«Ja, es ist eine Art Ritual, und ich mache es oft und aus Überzeugung, weil ich spüre, welch positive Energie es mir verschafft. Oft sehe ich mir dabei eines von Tepperweins Videos zur Tiefenentspannung an. Sie vermitteln Tipps und Anregungen, wie man das Leben bewusst entschleunigen kann.»

«Das erinnert mich an Emile Coué», sagt Phil. «Er war Ende des neunzehnten und Anfang des zwanzigsten Jahrhunderts einer der Begründer der *Autosuggestion*, und ungewollt hat er dazu beigetragen, dass der Buchhandel heute überschwemmt wird mit Literatur über das Manifestieren und Suggerieren, wie man alles erreichen kann, was man sich wünscht.»

Die bewusste Autosuggestion

«Du hast dich mit Autosuggestion befasst? Erstaunlich», findet Beat. «Ich wusste nicht, dass du dich als Wissenschaftler für solche Themen interessierst.»

«Natürlich interessiert mich als Neurologe dieses Thema besonders», erklärt Phil grinsend. «Coué war übrigens Apotheker in Troyes, einer mittelgroßen Stadt in Frankreich. Der Mann ist heutigen Medizin- oder Psychologiestudenten kaum ein Begriff, obwohl seine Methoden in der medizinisch-psychologischen Forschung immer wichtiger werden. Vielleicht ist das darauf zurückzuführen, dass Coués Methoden so unglaublich einfach sind, jeder kann sie anwenden, ohne komplizierte Theorien zu studieren.»

«Du sprichst immer noch von Autosuggestion. Für mich ist der Begriff gleichbedeutend mit Affirmation.»

«Ja, in gewissem Sinn», meint Phil. «Sprachwissenschaftlich bezeichnet Affirmation die Zustimmung oder Bejahung einer Aussage oder einer Behauptung. In der Esoterik und bei spirituellen Handlungen wie mantraartigem Beten wird Affirmation als bejahende oder positive Aussage verstanden. Auch in der Behandlung von psychischen Störungen werden Affirmationen manchmal als Technik verwendet, also im Sinn von Autosuggestion, wie Coué sie praktiziert hat.»

«Wie kam denn ein Apotheker darauf? Der verkauft doch nur Medikamente», wundert sich Beat.

«Lass mich kurz zusammenfassen, was ich über ihn gelesen habe: Emile Coué hat Pharmazie studiert und danach in seiner Heimatstadt eine kleine Apotheke eröffnet. Eines Tages hatte er ein Schlüsselerlebnis: Ein Mann betrat die Apotheke und verlangte ein verschreibungspflichtiges Medikament, konnte dafür aber kein Rezept vorweisen. Alle Erklärungen des Apothekers, dass er sich an die gesetzlichen Vorschriften halten müsse und ihm das Medikament ohne Rezept nicht geben könne, akzeptierte der schwerkranke Mann nicht. Er bestand auf dem Medikament. Da hatte Coué eine Eingebung: Er ging zum Schein auf den Wunsch des Kunden ein, füllte im Nebenraum ein Fläschchen mit destilliertem Wasser und gab dem Mann die ‹Arznei› mit genauen Angaben, wie die Medizin einzunehmen sei und wie sie wirke. Eine Woche später kam der Mann wieder vorbei, vollkommen geheilt, und bedankte sich bei Coué.»

«Schöne Geschichte», meint Beat. «Der Placebo-Effekt. Geht der auch unter Autosuggestion?»

«Nun, zumindest handelt es sich dabei um Suggestion. Aber die Geschichte ging noch weiter. Coués Forschungsdrang auf dem Gebiet der Psychologie und der Hypnose war damit geweckt. Er erkannte die Bedeutung der Suggestion, also Hypnose ohne hypnotischen Schlaf, und bezeichnete sie als Selbsthypnose oder positive Autosuggestion. Zunehmend kamen nun Menschen nicht nur wegen einer Medizin in Coués Apotheke, sondern um mit ihm zu sprechen und seinen Rat zu hören. Allmählich verbreitete sich in Troyes das Gerücht, dass Maître Coué wahre Wunder vollbringe.»

«So ähnlich wie bei uns die Wunderheiler im Appenzellerland», sagt Beat lächelnd. «Oder Isaac von Uluru, der im australischen Outback die Aborigines heilt.»

«Vergiss nicht, dass Coué Pharmazie studiert und sich nicht als Heiler betrachtet hat. Er ist bescheiden geblieben und hatte nicht die Ambition, aus seinem Wissen Kapital zu schlagen. Er hat immer betont, dass nicht ihm das Verdienst zukomme, wenn jemand geheilt wurde – er würde Ratsuchende nur dabei unterstützen, sich selber zu heilen. Als es zu immer mehr spektakulären Heilungen kam, konnte er bald nicht mehr alle Hilfesuchenden in seiner Apotheke empfangen. So begann er, mit eigenen Veranstaltungen Suggestionsbehandlungen vorzunehmen und die Menschen anzuleiten, mit Autosuggestion umzugehen. Er sah es als erwiesen an, dass das Unterbewusste eine wichtige Rolle bei organischen Krankheiten spielt und dass durch bewusste Suggestion grundsätzlich jede Krankheit gelindert oder sogar geheilt werden kann.

Zu Beginn des zwanzigsten Jahrhunderts hängte er den Apothekerberuf an den Nagel und gründete in Nancy das erste Coué-Institut.»

«Wie muss man sich seine Autosuggestionsbehandlung denn vorstellen?»

«Coué wusste, dass die Vorstellungskraft stärker ist als die Willenskraft. ‹Nicht der Wille ist der Antrieb unseres Handelns, sondern die Vorstellungskraft›, war sein berühmtes Zitat.»

Mit dem Willen allein erreichst du nichts, mit der Vorstellungskraft alles!

«Das entspricht eigentlich meiner Denkweise», bemerkt Beat. «Im Grunde genommen hat diese These etwas gemeinsam mit dem Gesetz der Anziehung.»

«Das stimmt», bestätigt Phil. «Coué erkannte eine wichtige Eigenschaft unseres Unterbewusstseins: seine unglaubliche Aufnahmefähigkeit. Es nimmt alles auf, was wir hören, sehen, riechen und fühlen. Neurologische Theorien gehen davon aus, dass Bewusstsein und Unterbewusstsein sich in der Struktur unseres Gehirns widerspiegeln. Dieses besteht aus zwei Hälften, den beiden Hemisphären, die durch Nervenfasern miteinander verbunden sind und miteinander kommunizieren. Anatomisch unterscheiden sich diese zwei Gehirnhälften kaum. Heute wissen wir, dass sie grundlegend verschiedene Funktionen haben: Die linke Gehirnhälfte arbeitet logisch und analytisch, also vernunftgesteuert, und ist für Sprache, Mathematik und räumliche Orientierung zuständig. Die rechte Gehirnhälfte arbeitet intuitiv und kreativ. Sie ist für Kreativität, Emotionen, Körpersprache und Ästhetik zuständig. Das Unterbewusste speichert alles und tut, was ihm befohlen wird. Du kannst es auch als naiv bezeichnen, also als nicht vernunftgesteuert.»

«Heißt das, dass es leicht zu beeinflussen ist?»

«Genau! Suggestion ist Beeinflussung. Es ist unangenehm, sich vorzustellen, dass ein anderer dir etwas einreden und dein Verhalten beeinflussen könnte. Wenn Erwachsene einem Kind sagen, dass es dumm oder hässlich sei, bewirkt das in ihm nachhaltig ein negatives Selbstwertgefühl. Coué unterschied deshalb Suggestion und Autosuggestion. Suggestion muss sich, um wirksam zu werden, in der Person, die beeinflusst werden soll, in Autosuggestion umwandeln.»

«Die kann positiv oder negativ sein – je nach Absicht des Einflüsterers. Wie soll man darauf reagieren, wenn man schlechte Absichten durchschaut?»

Phil tut, was er immer tut, wenn er überlegt, wie er seinem Gegenüber einen komplexen Gedanken verständlich erklären soll: Er nimmt seine Brille von der Nase und putzt bedächtig die Gläser. «Nun, du musst zuerst die Absicht des Einflüsterers erkennen, und dafür brauchst du deinen Verstand, das Bewusstsein. Eine ganze Industrie lebt von der Suggestion: die Werbeindustrie. Als ehemaliger Verkaufsleiter eines großen

Konzerns bist du ja bestens mit den Werkzeugen der Produktewerber vertraut.»

«Stimmt!», entgegnet Beat. «Auch in großen Einkaufszentren, wo Musik im Hintergrund läuft, sind das meistens bestimmte Musikfrequenzen, die zum Einkaufen animieren. Man nennt sie die *binauralen Beats*. Sie sollen den Schlaf, die Aufmerksamkeit und das Gedächtnis verbessern, außerdem Stress, Schmerzen und Ängste mildern. Ich befasse mich seit ein paar Jahren damit und beobachte, was mit mir passiert, zum Beispiel bei Musik zur Tiefenentspannung auf *YouTube*.»

«Interessant», findet der Neurologe. «Das sind sicher sehr angenehme und wohltuende Klänge. Leider kann Suggestion aber auch missbräuchlich angewendet werden. Obschon der Mensch kein Roboter, sondern ein denkendes Wesen ist, erstaunt es mich immer wieder, wie erfolgreich in manchen Ländern fundamentalistische Religionsführer oder populistische Politiker – von Diktatoren ganz zu schweigen – agieren.

Aber zurück zu Coué. Er wusste natürlich, dass Autosuggestion ein gefährliches Werkzeug ist. Tatsächlich sind viele Krankheiten und die meisten seelischen Probleme das Resultat von unbewusster, also negativer Suggestion. Man muss deswegen nicht in Panik verfallen, denn bei Werbung handelt es sich um ein unvermeidliches alltägliches Phänomen. Eifersucht, Missgunst, Neid und Schadenfreude sind menschliche Eigenschaften, mit denen wir leben müssen. Wir können nur versuchen, bestmöglich mit ihnen umzugehen. Wichtig ist das Vertrauen in uns selber, damit aus Suggestion bewusste, also positive, Autosuggestion wird.»

Beat schmunzelt: «Jetzt redest du wie ein Esoterik-Guru! Schon *Neville Goddard* vertrat mit seinem Gesetz der Anziehung die Ansicht, dass positive Gedanken Positives bewirken. So ähnlich argumentiert auch *Kurt Tepperwein*, das Gleiche predigt ein *Bodo Schäfer*.»

«Schön, einverstanden! Vielleicht reden wir im Kreis. Goddard und Coué waren, ohne es sein zu wollen, Vorbilder für Institutionen und viele Autorinnen und Autoren, die autogenes Training und positives Denken vermitteln oder in unzähligen Büchern empfehlen.

Die Autosuggestionsbehandlung nach Coués Vorbild – um auf deine Frage zurückzukommen – ist denkbar einfach: Wenn du Bauchschmerzen verspürst, teilst du deinem Unterbewusstsein mit, dass du dich jeden Tag besser fühlst. Das musst du mehrmals am Tag aussprechen, ohne dir dabei etwas zu denken. Das Verrückte dabei: Ich als Wissenschaftler muss aus eigener Erfahrung zugeben, dass das funktioniert. Nach dem gleichen Prinzip hat er Zauberformeln gegen Schlaflosigkeit, körperliche und seelische Leiden entwickelt. Man muss Coué von Autoren unterscheiden, die materiellen Reichtum versprechen, wenn man nur täglich manifestiert und fest daran glaubt, schon auf dem Weg zum Millionär zu sein.»

«Wow! Ich weiß nicht, was deine Kollegen dazu sagen würden, aber mir gefällt deine offene Einstellung zum Thema Autosuggestion.»

«Mach dir keine Sorgen wegen meinen Kollegen! Falls du noch nie etwas von chirurgischen Eingriffen gehört hast, bei denen der Patient ohne Betäubung eine Operation über sich ergehen lässt: Bei uns wird das immer öfter erfolgreich praktiziert – mit bewusster Autosuggestion und Selbst-Affirmation. Natürlich nur mit professioneller Begleitung und allen notwendigen Sicherheitsmaßnahmen, die OP konventionell weiterführen zu können, wenn der Patient signalisiert, dass er leidet.»

Visionen sind gefragt

Markus Hofmann und Beat begrüßen sich in einer Cafeteria in Bern. Beat hatte wissen wollen, wie es Markus in seiner Funktion als neuer Mitarbeiter des Bundesamts für Wirtschaft, Bildung und Forschung gehe und freute sich, dass sein alter Bekannter sofort zu einem Gespräch bereit war.

Markus macht nicht den Eindruck, als hätte er vor ein paar Monaten noch gegen eine tiefe Depression angekämpft. Nach kurzem Small Talk beginnt er entspannt zu erzählen: «Ich bin dir ewig dankbar, dass du mir aus dem Tief geholfen hast. Es war eine beschissene Situation, ich kam mir vor wie in einem Hamsterrad, bevor es mich umhaute. Heute geht es mir gut, die Arbeit im WBF ist zwar anspruchsvoll, aber spannend und macht Spaß.»

Markus berichtet über seine ersten Erfahrungen in seinem neuen beruflichen Umfeld und sagt dann, dass er viel Zeit hatte, über sich, sein Leben und die heutige Gesellschaft nachzudenken. «Weißt du, ich erkenne jetzt mehr die Zusammenhänge, wie unser System funktioniert, und manches macht mir Sorgen.»

«Sorgen? Ich dachte, um dich müsse man sich keine Sorgen mehr machen», staunt Beat.

«Nein, um mich selber geht es nicht, sondern um unser System. Das Geldsystem und unsere Wirtschaft, genauer gesagt.»

«Erzähl mal!»

«Ich fange mit einem Beispiel an. Bevor ich vor 35 Jahren nach Indien auswanderte, bezahlte ich 900 Franken Miete für eine Zweieinhalbzimmerwohnung in Zürich, heute bezahle ich für eine vergleichbare Wohnung in der Stadt an zentraler Lage 2700 Franken Miete. Nach Abzug aller Fixkosten blieben mir vor 35 Jahren noch knapp 2000 Franken monatlich fürs Leben. Mein letzter Lohn als Bankangestellter war vor zwei Jahren etwa doppelt so hoch wie vor 35 Jahren, aber netto blieben mir für den Lebensunterhalt nun sogar weniger als 2000 Franken. Mit dem Unterschied, dass sich die Preise für Nahrungsmittel, Getränke, Kleider, Kommunikation und so weiter im Lauf der letzten Jahre extrem verteuert haben. Hundert Franken sind immer noch hundert Franken, so wie es auf den Geldschein gedruckt ist, aber sie haben nicht mehr annähernd den gleichen Wert wie vor 35 Jahren.»

«Und das macht dir Sorgen...?»

«Wie gesagt, mir geht es gut. Bei uns in der Schweiz ist die Inflation noch erträglich, aber der Crash der Credit Suisse hat dem Vertrauen der Bevölkerung in unsere Banken ziemlich geschadet. Wie sicher sind unsere Anlagen? Wer bestimmt den Wert des Geldes, das im Umlauf ist?

Der Geldvorrat, also das Geld, das im Umlauf ist, ist begrenzt. Die Handelsbanken beziehen ihr Geld von der Zentral- oder Nationalbank. Sie verleihen dieses Geld mit Zinsen an die Wirtschaft und Private und verbuchen damit ihre Gewinne. Das heißt, indem Unternehmen und Private Kredite oder Hypotheken beziehen, verdient die Bank Geld. Also auf der Basis von Schuldzinsen.»

«Ja, einverstanden. Aber so funktioniert nun einmal unser System.»

«Genau. Aber etwas wird dabei vergessen, nämlich die Frage, was unser Geld wert ist. Der Untergang des Römischen Reiches ist dir sicher ein Begriff, nicht wahr?»

«Ja», lacht Beat, überrascht. «Aber was hatte der mit dem Wert des Geldes zu tun?»

«Ziemlich viel. Der Denar war ursprünglich eine 4,5 Gramm schwere Silbermünze und blieb jahrhundertelang unverändert. Dann wurden unedle Metalle wie Kupfer mit dem Silber vermischt, die Münze behielt das gleiche Gewicht. Von Kaiser zu Kaiser wurde dem Denar immer mehr Kupfer beigemischt. Um 300 n. Chr. betrug der Silberanteil noch fünf Prozent, bald darauf war der Denar praktisch wertlos. Die Folge war eine Hyperinflation, und die massiven Kriegskosten verlangten nach immer mehr Geld. Geld, das keinen Wert mehr hatte.»

«Also hatte am Ende der Denar nur noch symbolischen Wert», folgert Beat. «Wie ist es mit den heutigen Währungen?»

«Jetzt wird es spannend», sagt Markus. «US-Präsident Nixon hatte 1971 beschlossen, die Konvertibilität des Dollars in Gold auszusetzen. Damit wurden erstmals in der Geschichte alle wichtigen Währungen der Welt von der Golddeckung befreit. Mit dem Beitritt der Schweiz zum Internationalen Währungsfonds (IWF) 1992 hat auch sie die Golddeckung des Schweizer Frankens aufgegeben.»

«Und das bedeutet…?»

«Zunächst kam es zu einer dramatischen Abwertung des Dollars. In den 60er-Jahren kostete er mehr als vier Schweizer Franken, heute noch 90 Rappen. Heute bestimmen die Zentralbanken den Wert einer Währung, je nach Geldmenge, die im Umlauf ist und gemessen an der Höhe des Bruttoinlandprodukts eines Landes. Geld und Währung sind deshalb zwei verschiedene Dinge. Die Staatsverschuldung der USA beträgt über 30 Billionen Dollar, und die Schweizer Nationalbank sitzt auf einem Schuldenberg von 120 Milliarden Franken, Tendenz steigend. Die EU ist in einer Schuldenkrise, und Lösungen werden nur diskutiert, aber nicht wirklich angegangen.»

«Was müsste denn passieren, damit es nicht zu einem riesigen Crash kommt?»

«Weißt du, ich habe oft an dich gedacht, daran, wie du mich aus einer negativen Denkspirale geholt hast. Diesmal geht es nicht um mich oder einzelne Personen, die einen intuitiven und positiven Anstoß brauchen, um aus einer Depression herauszufinden. Es geht um den Wandel eines Systems, das viele Menschen verarmen lässt und krank macht, ähnlich wie das Monopoly-Spiel. Das Spiel ist erst dann beendet, wenn der Sieger feststeht, beziehungsweise alle andern Mitspieler bankrott sind. Nur die Bank geht niemals bankrott, sie kann jederzeit neue Scheine herausgeben, sprich Kredite erteilen. Wir leben in einer Zeit des Zusammenbruchs und des Anbruchs einer neuen Zeit. Wohlstand wird rein materialistisch durch noch mehr Besitztum, mehr Konsum und Wachstum und damit mehr Umweltzerstörung definiert. Es muss eine Art *Neues Testament* geschrieben werden, das Wohlstand nicht auf den Kontostand reduziert.»

«Uff, du erwartest hoffentlich nicht wirklich, dass mir jetzt eine Zauberformel einfällt, wie die Welt zu retten ist.»

Markus schüttelt den Kopf. «Nein, so war das nicht gemeint. Einzelne Individuen können gegen das Banken- und Finanzierungssystem und die Geldentwertung natürlich nichts ausrichten, außerdem ist es ein langer Prozess, neue Denkmodelle zu entwickeln und praktisch umzusetzen. Es braucht ein neues Bewusstsein und Visionen. Ich würde es schon als riesigen Fortschritt bezeichnen, wenn die Entscheidungsträger aus Politik und Wirtschaft nicht im Eigeninteresse kurzsichtig gegeneinander politisieren und handeln, sondern bestrebt wären, gemeinsam an Lösungen zu arbeiten, um das Plündern der letzten Ressourcen unseres Planeten zu verhindern.»

Beat ist erstaunt und beeindruckt, wie sehr sich Markus in den letzten Monaten vom apathisch wirkenden Verlierer zu einem Menschen entwickelt hat, der sich mehr Sorgen um die Umwelt macht als um sich selber. «Ein frommer Wunsch», sagt er. «Aber der Gedanke gefällt mir, dass du und dein Team offen sind für neue Visionen. Seid ihr eine Art Denkfabrik, wo Experten und Vertreter aus Politik und Wirtschaft miteinander reden?»

«Es geht in diese Richtung. Natürlich müssen wir global denken, und sobald wirtschaftliche und politische Interessen eines Landes ins Spiel kommen, wird es kompliziert. Da suchen wir zuerst den Konsens. Es gibt verschiedene Lösungsansätze, die da und dort getestet werden, zum Beispiel die Einführung eines *bedingungslosen Grundeinkommens*, oder die *Blockchain-Technologie*, die auf einem dezentralen Protokoll für Transaktionen beruht, das betrugssicher ist. Was bisher die Aufgabe von Banken, Regierungen und Konzernen war, übernimmt die Blockchain. Letztere verbraucht aber eine Unmenge an Energie und ist deshalb umstritten. Ob und wie sich etwas Neues bewährt, wird die Zukunft zeigen. Ich wollte dir einfach nur zu verstehen geben, womit wir uns im WBF befassen, und worüber wir uns Sorgen machen. Ich darf das nicht persönlich nehmen, und ich erinnere mich oft an deine Empfehlung: Es gibt so viel Positives, auf dem man aufbauen kann. Man muss es nur angehen!»

Beat ist erleichtert, dass Markus seine Arbeit spannend findet und Freude an seinem neuen Job hat, der ihn fordert.

Gedanken zur Zukunft

Auf der Erdoberfläche kannst du dich mithilfe eines Kompasses orientieren. Die magnetische Nadel des Kompasses richtet sich nach den Erdpolen aus und zeigt an, in welcher Richtung du dich fortbewegst.

Beat hat oft intuitiv seinen imaginären inneren Kompass befragt, wenn er wichtige Entscheidungen treffen musste. Seine letzte Begegnung mit Markus, der sich weniger Sorgen um sich selber als um den Zustand unserer Erde macht, hat ihn berührt.

Wohlstand werde materialistisch durch noch mehr Besitztum, mehr Konsum und damit mehr Umweltzerstörung definiert, hatte Markus gesagt und angefügt, es müsste ein Neues Testament geschrieben werden, das Wohlstand nicht auf den Kontostand reduziert.

Mein Leben hat sich positiv entwickelt, denkt Beat. Mein innerer Kompass, der auch nach dem Gesetz der Anziehung funktioniert, bewirkte oft, dass ich gute Entscheidungen getroffen habe. Meine Visionen haben sich durch Manifestieren und Affirmation erfüllt.

Ein wichtiger Anziehungspunkt für mich war Wohlstand, weiß er und findet darin nichts Verwerfliches. Mindestens die zweitoberste Ebene der Maslowschen Pyramide, also die Befriedigung der Individualbedürfnisse, hat er erreicht, er führt ein angenehmes Leben, ist mit einer lieben Frau verheiratet, freut sich an drei erwachsenen Kindern und vier Enkelkindern, und er hat gute Freunde. Dafür ist er dankbar. Auch die oberste Ebene, die Selbstverwirklichung, betrachtet Beat als erreicht, weiß aber, dass er sich immer noch neue Ziele setzt. Vielleicht werde ich erst im hohen Alter keine höheren Ziele mehr haben, überlegt er. Jetzt schreibe ich an einem Buch und würde mich freuen, wenn Leserinnen und Leser darin den einen oder andern positiven Gedanken finden und inspiriert sind, zu versuchen, mit ihrem inneren Kompass zu kommunizieren.

Markus hat ihm bewusst gemacht, dass es auf unserem Planeten Probleme gibt, die ein einzelner Mensch nicht lösen kann. Kriege, Missachtung der Menschenrechte, Umweltschäden, Staatsverschuldung und große Flüchtlingsbewegungen sind globale Realität und betreffen uns alle indirekt oder direkt.

Positiv zu denken, bedeutet nicht, Probleme auszublenden oder zu verharmlosen, sondern auch Positives wahrzunehmen. Jeder Mensch hat seine eigenen Wunschziele und Möglichkeiten, je nach Geschlecht, Alter, Herkunft, Ausbildung, Gesundheit, Familien- und Freundeskreis. In unserem persönlichen Umfeld können wir etwas bewirken. Was mit uns selber geschieht, können wir beeinflussen.

Quanten

Beim Begriff «Quanten» denken wir zwangsläufig an Quantenphysik und Einsteins Relativitätstheorie oder an «Quantensprung», der in der Alltagssprache einen Fortschritt bezeichnet, der in kürzester Zeit eine Entwicklung um einen sehr großen Schritt voranbringt. Im Lateinischen bedeutet quantum etwas Großes, also etwas Messbares oder «Quantifizierbares».

Beat interessierte sich für Quantenphysik und Quantenwellen. Dabei stieß er auf erstaunliche Erklärungen über den Grenzbereich der Quantenwelt und der Welt der klassischen Physik. Elektronische oder photonische Bauelemente verlassen den Rahmen bislang bekannter, grundlegender Gesetze der Physik (Forschungsbericht Max-Planck-Institut, 2020).

Die Qantenwelt ist bizarr. Alle Teilchen verhalten sich gleichmäßig wie Wellen, wenn sie von ihrer Umgebung isoliert sind. Tritt aber ein Quantenteilchen mit seiner Umgebung in Kontakt, können Quantensprünge den bisherigen berechenbaren Prozess unterbrechen und durcheinanderwirbeln. Quantensprünge treten zufällig auf, sie sind Ereignisse und beinhalten deshalb eine Zeitrichtung; sie unterscheiden somit die Zukunft von der Vergangenheit.

In der Welt der Quantenwellen ist Resonanz entscheidend, das heißt, im Einklang miteinander oder mit etwas zu sein, das auf der gleichen Frequenzwelle mitschwingt. Energiewellen, die ein Mensch sendet, sprechen zwangsläufig auf eine Energie an, die gleich oder ähnlich schwingt.

Quantenobjekte verhalten sich, als ob sie einen Geist hätten.

Einstein

Der weltberühmte Physiker und Visionär Albert Einstein hat auch in Bern Spuren hinterlassen: das einzigartige Einstein-Museum, die Einstein Lectures an der Universität Bern und das Einstein-Haus in der Kramgasse, wo er von 1903 bis 1905 gewohnt hatte. Das Jahrhundertgenie ist als Denkmalfigur auch auf Sitzbänken an vier Standorten in der Stadt zu sehen, zum Beispiel bei der Universität Bern, wo ihn Beat schon mehrmals besucht und ein Selfie mit sich und der Skulptur geschossen hat. Da fragt Beat sich jeweils, wie Einstein vor über hundert Jahren zu den bahnbrechenden Erkenntnissen kam, die in der heutigen hochmodernen Technologie die Grundlagen der Astronomie sowie der Atom- und Quantenwissenschaften sind.

Beat hat viel über Einstein gelesen und auch seine Biografie studiert. Der spätere Entwickler der Relativitätstheorie hatte schon als Knabe an einem Kompass geheimnisvolle Kräfte entdeckt, welche auf die Kompassnadel einwirkten. Das inspirierte ihn, mehr über unsichtbare Energien herauszufinden. Einstein war mehr als ein berühmter Wissenschaftler. Er wurde schon zu Lebzeiten eine Legende, heute ist er ein Mythos.

Bei einem Fachgespräch mit seinem dänischen Physikerkollegen Nils Bohr und dem deutschen Max Born ging es um die Atomphysik. Ihnen gegenüber fasste Einstein seine Ablehnung gegenüber der Atomphysik in den drei legendären Worten zusammen: *Gott würfelt nicht!*

Einstein äußerte sich immer als Physiker und Kosmologe und nicht als Theologe. In seinen biografischen Skizzen findet sich eine interessante Notiz:

Wissenschaft ohne Religion ist lahm, Religion ohne Wissenschaft ist blind.

Beat wollte sich nicht wirklich in die schwierig zu verstehenden Theorien Albert Einsteins oder die komplexen wissenschaftlichen Ausführungen Isaac Newtons zur Quantenmechanik vertiefen, aber beim Herumstöbern in Fachliteratur kamen ihm die interessanten Bücher *Quantenwirtschaft* von Anders Indset und *Quantenphilosophie* von Ulrich Warnke in die Hände. Beide gut lesbar, fand Beat, sie regen zum Nachdenken über Entwicklungen an, die uns alle in Zukunft stark beschäftigen werden.

Quantenwirtschaft

Der norwegische Autor *Anders Indset* befasst sich in seinem Buch, das 2019 in den vorderen Rängen der «Spiegel»-Bestsellerliste auftauchte, mit gigantischen Quantenrechnern, empathischen Robotern und künstlichen Intelligenzen. Diese hätten fundamentale Auswirkungen auf unsere Zukunft, unser Wirtschaftssystem, deinen Job und dein Leben, behauptet Indset.

Der Autor erinnert zu Beginn seines Buches an die Enthauptung Louis XVI im Jahr 1792 und den damit verbundenen Untergang der Monarchie in Frankreich. Vor dem letzten Louis hatten fünfzehn andere Könige gleichen Namens auf dem Thron gesessen, was einen radikalen Systemwechsel überfällig werden ließ. Zu Zeiten des Feudalismus bezogen Angehörige des Adels Einkünfte, ohne dafür Leistungen erbringen zu müssen. Im zweiten Stand galt der katholische Klerus als privilegiert, alle andern, also das eigentliche Volk, gehörten zum dritten Stand. Auch Lehrer, Philosophen und Erfinder waren unterprivilegiert wie die hungerleidenden analphabetischen Bauern und Handwerker. Das «Modell Louis» war nicht mehr kompatibel mit den realen Bedürfnissen einer großen Volksmehrheit und musste zerstört werden. Die Parole der Revolutionsführer und von Aufklärern wie Voltaire besagte, dass alle Menschen die gleichen Rechte haben. In manchen Ländern wie Großbritannien oder Schweden haben die Königshäuser zwar überdauert, dienen aber nur noch als Dekoration und symbolische Repräsentanten der jeweiligen Nation.

Indset vergleicht den Untergang des Ancien Régime mit der Lage, in der wir uns heute befinden: Erneut sind Macht und Reichtum in den Händen einer sehr kleinen privilegierten Gruppe von weniger als hundert Menschen, die so viel Vermögen besitzen wie die ärmere Hälfte der Weltbevölkerung, also fast vier Milliarden Menschen. Der Autor gibt für dieses Missverhältnis nicht dem Kapitalismus die Schuld, sondern plädiert dafür, die Wirtschaft so weiterzuentwickeln, dass der kapitalistische Motor nicht abgewürgt wird, aber für eine gerechtere Verteilung genutzt werden kann.

Quantenwirtschaft basiert auf der Erkenntnis, dass alles mit allem zusammenhängt: Wir müssen neu lernen, Ökonomie, Gesellschaft und Ökologie ganzheitlich zu betrachten.

Indset glaubt nicht, dass sich eine glücklichere Gesellschaft von selbst einstellt, wenn alle nur dem Kompass ihrer eigennützigen Interessen folgen. Auf den folgenden dreihundert Seiten erklärt der Autor seine Vorstellungen einer Quantenwirtschaft und geht dabei insbesondere auf die Entwicklung und Möglichkeiten künstlicher Intelligenz ein.

Indset unterscheidet zwischen «schwacher und starker KI»: Schwache KI sind Programme zur Lösung konkreter Anwendungsprobleme, Beispiele dafür sind Gesichtserkennungs- und Navigationssysteme. Bei der starken KI dagegen handle es sich um *allgemeine Intelligenz*, die der menschlichen ebenbürtig oder überlegen ist. Eine mit allgemeiner Intelligenz (AKI) ausgestattete Maschine wäre imstande, logisch zu denken, aus Fehlern zu lernen, Entscheidungen zu treffen, in natürlichen Sprachen zu kommunizieren und alle diese Fähigkeiten koordiniert einzusetzen, um ihre Ziele zu erreichen, ähnlich wie wir denken, aber unvergleichbar schneller und präziser. Prototypen von AKI sind bereits entwickelt worden.

Beat haben diese Ausführungen nachdenklich gestimmt. Er hält Indsets Appell, dass wir uns jetzt schon die Frage stellen müssen, ob wir KI unter Kontrolle behalten werden oder ob uns KI kontrollieren wird, für berechtigt.

Quantenphilosophie

Ulrich Warnke, der Biologie, Physik, Geografie und Pädagogik studiert hat und seit 2010 im Saarland seinen Ruhestand verbringt, hat mit dem Buch *Quantenphilosophie und Interwelt* einen Leitfaden für eine völlig neue Lebensaufgabe geschrieben, durch die wir von Zuschauern zu «wirkmächtigen Akteuren des Universums» werden sollen.

Das Buch ist eine Reise ins Reich des ununterbrochen tätigen, intelligenten, jedoch von uns noch weitgehend unentdeckten *Quantenbewusstseins*. Hier zeigt sich, dass die Wellen der Materie in ihrem Innersten «immaterielle Wahrscheinlichkeiten» sind. Ähnlich verhält es sich mit den Wellen des Geistes, die unsere Gedanken, Emotionen und Intuitionen bewegen. Was ist die Interwelt?

Diese Frage beschäftigte Beat, und er fand Erklärungen: Warnke sagt, dass die einzig unwandelbare, konkret fassbare Realität nicht die Welt der Materie sei, sondern das, was er *Interwelt* nenne. In dieser finde er alle Ideen und Formen vor, mit denen wir unsere Wirklichkeit erkennen können – wie das reine Bewusstsein. Ohne Bewusstsein gäbe es für uns auch keine Materie.

Der materielle Körper sei lediglich ein temporäres Gefäß für Geist und Seele, sagt Warnke, und er fragt, was das für ein Gefäß sei, das uns über Jahrzehnte zur Verfügung stehe. Was ist das Wesen seiner Materie, fragt er und verweist auf die großen Religionen der Menschheit, die alle von einem Jenseits ausgehen. Körpermaterie würde nach Tod und Zerfall zu Asche und Staub werden, nicht aber Geist und Seele. Laut Warnke sind sie Teil der Interwelt.

Ein tröstlicher Gedanke, findet Beat und liest weiter:

Der Geist kann eine Außenwelt schaffen, so wie ein Schriftsteller sich eine Welt ausdenkt, die nur in seinem Kopf existiert. Im Alltag passiert das vollkommen unbewusst, ohne dass wir es überhaupt bemerken. Solange wir an einer einseitigen, rein materiellen Vorstellung von Realität festhalten, bleibt uns das wahre Wesen der Welt verborgen.

In der Alltagswelt orientieren wir uns durch Sehen, Riechen, Schmecken und Tasten. Das ist notwendig, denn unsere fünf Sinne sind ein Garant dafür, dass wir überleben, uns mit Nahrung versorgen und alles dafür tun, ideale Lebensbedingungen für unseren Körper zu erschaffen.

Nach und nach entdeckte der Mensch, dass er sich weitere Energien nutzbar machen konnte, etwa die elektromagnetische Energie. Schließlich drang er zu den Bausteinen der Materie vor, den Atomen. Sie bestehen bekanntlich aus Atomhülle, Elektronen und einem Atomkern, der sich aus Protonen und Neutronen zusammensetzt. Die Atome werden von Kräften dirigiert, die nur auf geringer Distanz wirken, in der Physik auch starke und schwache Kraft genannt. Alles, was für uns die Alltagswelt ausmacht, das heißt alles, was wir mit unseren Sinnen wahrnehmen, Autos und Flugzeuge, Dörfer und Städte, ist auf diese Urkräfte zurückzuführen.

Doch mit Atomen allein können nicht unsere Gefühle und unsere Vorstellungskraft erklärt werden. Warum sind wir fähig zu glauben und damit unsere Wirklichkeit zu verändern? Lange näherte man sich den Antworten mit philosophischen Überlegungen oder durch die exakten Naturwissenschaften. Zur Essenz drang man nicht vor. Mit der Quantenphilosophie hat sich das geändert. Wir erkennen, dass der Mensch – so wie das gesamte Universum – nicht nur in der Alltagswelt der Urkräfte lebt, sondern sogar überwiegend in einer vollkommen anderen Welt: in der Welt des Bewusstseins.

Gut, darüber werde ich in Ruhe nachdenken, beschließt Beat. Er blättert weiter und findet hinten im Buch einen Abschnitt «Multiple Persönlichkeiten»:

Jeder hat die Möglichkeit, in seiner Vorstellung in verschiedene Persönlichkeiten zu schlüpfen. Gute Schauspieler und Schauspielerinnen beherrschen diese Verwandlung perfekt. Doch man muss gar kein Schauspieler sein, um die Macht einer imaginären Rolle zu kennen. Wenn wir uns vornehmen, vor einem Auditorium eine Rede zu halten, kann das nur gelingen, wenn unsere Vorstellung vom eigenen Ich dazu passt, wenn also unsere Persönlichkeit die passende Rolle anlegt. Dann spielen wir nicht, sondern bringen eine Person in uns zum Vorschein, die wir längst sind, weil wir sie sein könnten – nichts anderes ist das Meer der Möglichkeiten, das uns die Interwelt täglich anbietet.

Beat liest das umfangreiche Buch fertig und kommt zum Schluss, dass es spannend wäre, mit Phil über Warnkes Theorien und über Indsets Buch *Quantenwirtschaft* zu reden, das sich mit zukünftigen Veränderungen befasst, die uns mit Sicherheit alle irgendwie beschäftigen werden. Immer öfter wird in den Medien über die Zeitenwende geschrieben, mit der wir uns gegenwärtig und in naher Zukunft befassen müssen.

In welche Richtung dein innerer Kompass zeigt und ob du ihm folgen wirst, wird die Zukunft zeigen.

Nachwort

Liebe Leserin, lieber Leser

Du bist am Ende des Buches «Dein Kompass» angelangt. Über den Autor und sein Leben muss nicht mehr viel geschrieben werden. Sein Leben ist in dieser Geschichte verwoben. Ab dem 50. Lebensjahr wurde ich oft gefragt, was ich als Rentner einmal machen würde. Die Antwort war sehr einfach, ich würde weiter die Welt bereisen und andere Kulturen entdecken und ein Buch schreiben wollen. Das Buch hast du nun gelesen und bemerkt, dass es keine normale Biographie ist, obwohl alle wichtigsten Ereignisse so stattgefunden haben, wie es erzählt worden ist.

Gleich zu Beginn des Schreibens habe ich mich als unerfahrener Autor gefragt, womit ich anfangen soll. Geburt, Kindheit, Schulen, Beruf, Eltern, Hobby und so weiter? Nein, das ist langweilig! Ich bekam den Ratschlag von einem Autor, gleich mit dem Herzstillstand am 21. Juni 2019 im Tessin zu starten. Das war für mich zuerst undenkbar. Dieses Ereignis wäre ein zu negativer Einstieg, sagte ich mir. Doch beim Schreiben ergaben sich Schritt für Schritt intuitiv alle Elemente, die damit verknüpft werden konnten. Ich kam zur Erkenntnis, dass es nicht falsch ist, manchmal nicht zu wissen, wohin die Reise gehen wird, ohne den Weg schon genau zu kennen. Das Einzige was zählt, egal, wo du gerade in deinem Leben stehst, ist, liebevoll und gelassen vorzugehen, mit einer Vision zu dir SELBST. Mir wurde bewusst, dass mich mein innerer Kompass des Lebens auf dem Weg, das Buch zu schreiben, lenken würde. Das Buch zu schreiben, im «Flow» zu sein, war für mich reine Psychotherapie, Kontemplation und Selbstreflektion.

Beginne damit, dich selbst voller Verständnis und Liebe auf deinem Weg zu begleiten. Sei also liebevoll und geduldig mit dir auf deiner weiteren Reise und respektiere, dass du diese Entscheidung getroffen hast. Du wirst herausfinden, wer du in Wirklichkeit bist. Es gehört eine Portion Mut dazu, das eigene Selbstbild und das Weltbild zu hinterfragen. Häufig stoßen wir damit nicht nur bei uns selbst, sondern auch in der Umgebung auf Kritik und Unverständnis. Vertraue deinem Kompass, also der Stimme in dir, die an dich glaubt und die weiß, dass du deinen Weg finden und gehen wirst.

Du, liebe Leserin, lieber Leser, hast mit dem Wissen und den Erfahrungen aus diesem Buch einen goldenen Samen in dein Herz gepflanzt. Mit jedem positiven Gedanken, mit jeder wunderbaren Vorstellung und jedem liebevollen Wort an dich selbst wächst dieser kleine Samen und wird zu einem starken Baum, dessen Früchte du ernten wirst und unter dessen Schatten du dich ausruhen kannst. Folge deinen Träumen und Wünschen. Es liegt an der menschlichen Natur, Wünsche zu haben und sich Ziele zu setzen. Es gibt kein Endziel im Leben, unser Bewusstsein ist zeitlos und ewig und wohnt im Körper, um verschiedenste Erfahrungen auf der Erde zu machen. Alles, was es gibt, ist dieser Moment, das JETZT! Dieser Moment ist vollkommen, er beinhaltet alles und gestaltet deine Zukunft. Alles was du brauchst, ist bereits in dir.

Das Buch beginnt mit der Nahtoderfahrung und beschäftigt sich mit theologischen und philosophischen Fragen. Ein Grund, dieses Buch zu schreiben, war, herauszufinden, welche Antworten und Erkenntnisse aus Jenseitserfahrungen und der Rückkehr ins Leben ich bekommen würde.

In Gesprächen mit Theologen und Neurologen und in der Literatur von Büchern, die den Sinn unseres Daseins auf der Erde thematisieren, versuchte ich vergleichende wissenschaftliche Erkenntnisse aus Quantenphysik, Medizin, Neurologie, Theologie und Philosophie einzuflechten.

Wo hat die Bibel recht, wie ist sie zu verstehen, wörtlich oder symbolisch? Wie und wo relativiert die Philosophie Dinge, die uns die Geschichte an Offenbarungen hinterlassen hat?

Wir mussten feststellen, dass in unseren heiligen Büchern Dichtung und Wahrheit oft eng beieinander liegen und dass uns das überlieferte Wort – der Logos – nicht immer zuverlässig Auskunft gibt über die wahren Zusammenhänge des Lebens. Dabei erfuhren wir, wie trügerisch Religionen sein können, wie unsicher ihre Aussagen zuweilen sind, doch auch welch tiefe Weisheit sich in ihnen mitunter verbirgt. Die Philosophie wiederum bietet uns eine Vielzahl an Deutungsmöglichkeiten, die sich für mich nur durch den Filter der Weisheit aus dem Jenseits eingrenzen und ordnen lassen.

Die Geschichte im Kompassbuch kann alles zu einer neuen Sichtweise führen, in der Fragen zum Woher, Wozu und Wohin in meinem Leben verwoben sind. Die neue Sichtweise schöpft aber im Wesentlichen aus den alten Weisheiten, die mit neuen Technologien in Quantenphysik, Neurologie, Psychologie und Künstlicher Intelligenz verflochten sind. Wir drangen dabei in Bewusstseinsebenen vor, die uns neue Perspektiven, neue Wahrheiten und neue Erkenntnisse vermitteln. Eine der wichtigsten Erkenntnisse ist, zu verstehen, wie sehr wir alle aus einer Energieeinheit geschaffen sind. Heute ist erkannt, dass wir nicht nur eine Welt sind, wir sind ein Organismus, ein geistig-seelisches Gebilde und auf das Innigste miteinander verbunden.

Wir sehen Materie mit anderen Augen. Wir werden unsere materielle Vorstellungswelt mehr und mehr als virtuelles Produkt unserer seelischen Präsenz erkennen, denn solange wir uns nicht aus dem Gefängnis unserer materieverhafteten Weltsicht befreien, wird es keine wahre Freiheit des Geistes geben.

Der Energie Gottesfunke lebt in jedem Menschen, auch im Atheisten. Welche Religion darf also von sich behaupten, sie allein sei die seligmachende? Welche Glaubensrichtung darf für sich in Anspruch nehmen, sie allein würde zu Gott führen? Wer ein wahrhaft Suchender ist, wird auch zur Wahrheit finden. Nach dem Übergang ins Jenseits begegnen wir schließlich unserem eigenen ICH, und wir erkennen, wer wir wirklich waren und sind: ewiges vollkommenes Sein in einem wundervollen Körper, auf der Erde, um Erfahrungen zu machen. Auch der berühmte griechische Philosoph Platon hat erkannt, dass der Leib lediglich ein nützliches dienendes Objekt ist. Er unterwirft sich der Seele/Geist im Menschen. Die Seele macht sich den Leib zunutze. Mit seiner Hilfe nimmt sie Teil an der materiellen Welt. Der Körper ist ihr Werkzeug zur sinnlichen Erfahrung. Dementsprechend ist der Tod für Platon weder eine Strafe noch ein Übel, sondern die Befreiung aus der Gefangenschaft menschlicher Begrenztheit und geistiger Enge. Platon kehrte die Verhältnisse um, indem er sagte: Wer weiß, ob Leben ein Tod nur ist, gestorben sein dagegen Leben?

Wir sind heute in einem großen, globalen Bewusstseinswandel, und jeder Mensch kann das spüren und ist angesprochen, in seine «göttliche Kraft» zu kommen, zu sich selbst zu erwachen. Das Buch «Dein Kompass» habe ich auch geschrieben, um dich mit Intuition und Impulsen anzusprechen, wie ich sie auch erlebt habe, um auf den Weg zur wahren

Schöpfermacht gelenkt zu werden. Denn es ist auch deine Intuition, die dich in dieser turbulenten Zeit wie ein Kompass lenkt.

Ich segne dich. Du bist ein menschliches Energiefeld und strahlst immer aus, was du bist. Dein Bewusstsein erschafft laufend, bewusst oder unbewusst, deine Realität. Lenke deine Aufmerksamkeit mit deinen Gedanken immer darauf, dass du in jedem Augenblick in Harmonie mit einem guten Gefühl mit dir SELBST lebst, und deine Lebensumstände formen sich stimmig für dich.

Ich wünsche dir Mut, dass du intuitiv den Schritt vom ICH-Verstand zum SELBST wagst und mental vollziehen kannst. Du bist vollkommenes ewiges SEIN und mit deinem Erwachen zu dir selbst, und du wirst die göttliche Kraft in dir, wie sie von allen Propheten, Buddha und Christus in der Bibel beschrieben werden, entdecken. Unser Körper ist auch unser Tempel, in dem Gott wohnt.

Durch das unmittelbare Verstehen, was ist, war und sein wird, überschreitest du die Grenzen des Verstandes und gelangst zum vollkommenen Denken und Fühlen. Die linke logische Hirnhälfte wird dann der rechten emotionalen Hirnhälfte Platz machen und dienen, dort wo deine Intuition ist und wirkt.

Ich wünsche dir beim Überschreiten mit Intuition in den neuen Bewusstseinszustand Mut, Freude, Liebe und Harmonie.

Herzlich Beat

Namenindex

Autoren und Wissenschaftler, die im Buch besonders erwähnt werden:

Wissenschaftliche Sendungen, die im Buch nicht explizit erwähnt sind, die Beat aber regelmäßig verfolgt:

Terra X auf YouTube
– z.B. Harald Lesch, «So viele Dimensionen gibt es wirklich»
– z.B. Gert Scobel, «Philosophie und Ethik»